OPDAG SMAGEN OG TEKNIKKERNE I TRADITIONELLT KINESISK KØKKEN WOK

100 TRADITIONELLE OPSKRIFTER PÅ RØRE OG MERE

TASHA HARPER

Alle rettigheder forbeholdes.

Ansvarsfraskrivelse

Oplysningerne i denne e-bog er beregnet til at tjene som en omfattende samling af strategier, som forfatteren af denne e-bog har forsket i. Resuméer, strategier, tips og tricks er kun anbefalinger fra forfatteren, og læsning af denne e-bog garanterer ikke, at ens resultater nøjagtigt vil afspejle forfatterens resultater. Forfatteren af e-bogen har gjort alle rimelige anstrengelser for at give aktuelle og nøjagtige oplysninger til e-bogens læsere. Forfatteren og dens medarbejdere vil ikke blive holdt ansvarlige for eventuelle utilsigtede fejl eller udeladelser, der måtte blive fundet. Materialet i e-bogen kan indeholde oplysninger fra tredjeparter. Tredjepartsmateriale består af meninger udtrykt af deres ejere. Som sådan påtager forfatteren af e-bogen sig ikke ansvar eller ansvar for noget tredjepartsmateriale eller udtalelser. Uanset om det er på grund af internettets udvikling eller de uforudsete ændringer i virksomhedens politik og redaktionelle retningslinjer for indsendelse, kan det, der er angivet som kendsgerning på tidspunktet for dette skrivende, blive forældet eller uanvendeligt senere.

E-bogen er copyright © 202 3 med alle rettigheder forbeholdt. Det er ulovligt at videredistribuere, kopiere eller skabe afledt arbejde fra denne e-bog helt eller delvist. Ingen dele af denne rapport må gengives eller gentransmitteres i nogen form for reproduceret eller gentransmitteret i nogen som helst form uden skriftligt udtrykt og underskrevet tilladelse fra forfatteren.

INDHOLDSFORTEGNELSE

INDHOLDSFORTEGNELSE **4**

INTRODUKTION **8**

GRØNTSAGER OG TOFU **11**

    1. OMRØRTE SNEÆRTER 12
    2. STEGT SPINAT MED HVIDLØG OG SOJASAUCE 14
    3. KRYDRET RØRT NAPAKÅL 17
    4. OMRØRT SALAT MED ØSTERSSAUCE 20
    5. OMRØRT BROCCOLI OG BAMBUSSKUD 23
    6. TØRSTEGTE STRYGEBØNNER 26
    7. OMRØRT BOK CHOY OG SVAMPE 29
    8. OMRØRT GRØNTSAGSMEDLEY 32
    9. BUDDHAS GLÆDE 35
    10. TOFU I HUNAN-STIL 39
    11. MA PO TOFU 43
    12. DAMPET BØNNEMASSE I EN SIMPEL SAUCE 47
    13. SESAM ASPARGES 50
    14. AUBERGINE OG TOFU I SYDENDE HVIDLØGSSAUCE 53
    15. KINESISK BROCCOLI MED ØSTERSSAUCE 57

FISK OG SKALDYR **60**

    16. SALT OG PEBER REJER 61
    17. BERUSEDE REJER 65
    18. OMRØRTE REJER I SHANGHAI-STIL 68
    19. VALNØD REJER 72
    20. FLØJLSBELAGTE KAMMUSLINGER 76
    21. FISK OG SKALDYR OG GRØNTSAGER OMRØRES MED NUDLER 80
    22. HELDAMPET FISK MED INGEFÆR OG SPIDSKÅL 84
    23. OMRØRT FISK MED INGEFÆR OG BOK CHOY 88

24. Muslinger i sort bønnesauce..92
25. Kokos karry krabbe...95
26. Friturestegt sort peber blæksprutte..................................98
27. Friturestegte østers med chili-hvidløgskonfetti...............101

FJERKRÆ OG ÆG...105

28. Kung Pao kylling..106
29. Broccoli kylling..109
30. Mandarinskalkylling..112
31. Cashew kylling..116
32. Fløjlskylling og sneærter..120
33. Kylling og grøntsager med sort bønnesauce.................124
34. Kylling med grønne bønner...128
35. Kylling i sesamsauce...132
36. Sød-og-sur kylling..136
37. Moo Goo Gai Pan...140
38. Egg Foo Yong...144
39. Tomatæg omrøres..147
40. Rejer og røræg...151
41. Velsmagende dampet æggecreme................................155
42. Kinesisk takeaway stegte kyllingevinger......................158
43. Thai basilikum kylling...161

OKSE, SVINE OG LAMME..164

44. Braiseret svinemave..165
45. Steg tomat og oksekød...168
46. Oksekød og broccoli..172
47. Sort Peber Oksekød Stir-Fry...176
48. Sesam oksekød..180
49. Mongolsk oksekød...184
50. Sichuan oksekød med selleri og gulerødder................188
51. Hoisin Beef Salatkopper..192
52. Stegte svinekoteletter med løg......................................196
53. Fem krydderier svinekød med Bok Choy.....................200

54. Hoisin svinekød rørt..203
55. To gange tilberedt svinemave..206
56. Mu Shu svinekød med stegepandekager..210
57. Svinekød Spareribs med sorte bønnesauce..215
58. Omrørt mongolsk lam...218
59. Spidskommen-krydret lam..222
60. Lam med ingefær og porrer...226
61. Thai basilikum oksekød..230
62. Kinesisk BBQ svinekød..233
63. Dampede BBQ svinekødsboller...237
64. Kantonesisk flæskesteg...241

SUPPER, RIS OG NUDLER..245

65. Kokos karry nudelsuppe..246
66. Krydret oksekød nudelsuppe..249
67. Æggedråbe suppe..252
68. Simpel wonton suppe..254
69. Æggedråbe suppe..258
70. Æggestegte ris...261
71. Klassisk svinestegt ris...265
72. Berusede nudler...268
73. Sichuan og nudler..272
74. Varm-og-sur suppe...276
75. Pork Congee...280
76. Stegte ris med rejer, æg og spidskål..283
77. Røget ørred stegt ris..287
78. Spam Fried Rice...290
79. Dampet ris med Lap Cheung og Bok Choy..294
80. Oksekødsnudelsuppe..298
81. Hvidløgsnudler...302
82. Singapore nudler..305
83. Glasnudler med Napa-kål..309
84. Hakka nudler...313
85. Pad se vi..317

86. Kylling Chow Mein..321
87. Oksekød Lo Mein..325
88. Dan Dan Nudler...329
89. Beef Chow Sjov..333

SAVSER, SNACKS OG SLIK..**337**

90. Sort bønnesauce..338
91. Skoldløg-Ingefærolie..341
92. XO sauce..343
93. Stegt chili olie...347
94. Blommesauce..349
95. Hakka Spice Popcorn..352
96. Te-opblødte æg...355
97. Dampede spidskålsboller..359
98. Dampet mandelsvampkage..363
99. Sukkeræggepuster...367
100. Krysantemum og fersken Tong Sui...371

KONKLUSION..**373**

INTRODUKTION

Hvad er en Wok?

En wok er defineret som en rundbundet kogegrej med høje sider, almindeligvis designet med to sidehåndtag eller et større håndtag. Den runde bund af en wok gør det muligt at fordele varmen mere jævnt end en grydeske, hvilket betyder, at maden kan tilberedes på kortere tid. De høje vægge gør det lettere at kaste mad, som når man tilbereder en røre, hvilket betyder, at ingredienserne kan blandes og tilberedes jævnt hele vejen igennem.

Denne kogebog bringer dig hundrede forskellige kinesiske wok-madvarer på ét sted. Denne bog er designet til alle, der elsker at spise kinesisk mad, men ikke er bekendt med alle de kinesiske madlavningsteknikker. I denne kogebog vil du opdage nogle enkle og nemme måder at tilberede traditionelle kinesiske retter ved hjælp af autentiske kinesiske saucer og krydderier. Retterne er kategoriseret efter de mange forskellige måltider, som dette køkken tilbyder, så du kan finde en række dumplings sammen med opskrifter på ris, nudler, supper, svinekød, oksekød, lam, fjerkræ, skaldyr, tofu og forretter.

Populære kinesiske madlavningsteknikker

At lære om grundlæggende kinesiske madlavningsteknikker er afgørende for at lave kinesisk kvalitetsmad derhjemme.

A. WOK TILBEREDNING

Til woktilberedning skal du først forvarme wokken og sørge for at tørre den helt, før du tilføjer olie. Derefter kan du tilføje olie i din wok i en cirkulær bevægelse for at dække hele bunden af wokken, og når du gør det, skal du sørge for, at wokken kun er varm, ikke ryger. Non-stick wok kan blive ødelagt, når de varmes for meget op.

B. RØRSTEG

Kinesisk røre-stegning udføres ved høj varme, så hvis der er et konventionelt komfur derhjemme, så rør kun når din wok eller pande er forvarmet. Når panden eller gryden er forvarmet, tilsæt derefter olien og andre ingredienser. Når du tilføjer ingredienserne til gryden, skal du sørge for, at de har stuetemperatur eller ikke er kolde. Kolde ingredienser i en kantonesisk wok vil gøre maden blød efter tilberedning.

C. OLIEFLØJLING TIL RØRSTEGNING

Denne tilberedningsteknik indebærer, at fjerkræet eller kødet svitses inden selve rørestegningen i varm olie i kort tid, indtil det bliver let brunt. Du vil også finde mange retter i denne bog med samme metode, som bruges til oksekød, svinekød og fjerkræ. Så tages kødet ud, og senere tilsættes det til selve retten. For den bedste smag marineres kødet inden fløjlsbehandlingen.

GRØNTSAGER OG TOFU

1. Omrørte sneærter

ingredienser

- 2 spiseskefulde vegetabilsk olie
- 2 skrællede friske ingefærskiver, hver på størrelse med en kvart
- Kosher salt
- ¾ pund sneærter eller sukkerærter, snore fjernet

Kørselsvejledning :

a) Varm en wok op over medium-høj varme, indtil en dråbe vand syder og fordamper ved kontakt. Hæld olien i og hvirvl rundt for at dække bunden af wokken. Smag olien til ved at tilsætte ingefærskiver og en knivspids salt. Lad ingefæren syde i olien i cirka 30 sekunder, mens du hvirvles forsigtigt rundt.

b) Tilsæt sneærterne, og brug en wok-spatel, og vend dem over med olie. Steg i 2 til 3 minutter, indtil det er lysegrønt og sprødt mørt.

c) Overfør til et fad og kassér ingefæren. Serveres varm.

2. Stegt spinat med hvidløg og sojasauce

ingredienser

- 1 spsk lys sojasovs
- 1 tsk sukker
- 2 spiseskefulde vegetabilsk olie
- 4 fed hvidløg, skåret i tynde skiver
- Kosher salt
- 8 ounce forvasket babyspinat

Kørselsvejledning :

a) I en lille skål røres den lyse soja og sukker sammen, indtil sukkeret er opløst og sat til side.

b) Varm en wok op over medium-høj varme, indtil en dråbe vand syder og fordamper ved kontakt. Hæld olien i og hvirvl rundt for at dække bunden af wokken. Tilsæt hvidløg og en knivspids salt og steg rundt, indtil hvidløget dufter, cirka 10 sekunder. Brug en hulske til at fjerne hvidløget fra gryden og stille det til side.

c) Tilsæt spinaten til den krydrede olie og steg, indtil grøntsagerne lige er visnet og lysegrønt. Tilsæt sukker- og sojablandingen og rør rundt. Kom hvidløget tilbage i wokken og vend det sammen. Overfør til et fad og server.

3. Krydret rørt napakål

ingredienser

- 2 spiseskefulde vegetabilsk olie
- 3 eller 4 tørrede chilipeber
- 2 skrællede friske ingefærskiver, hver på størrelse med en kvart
- Kosher salt
- 2 fed hvidløg, skåret i skiver
- 1 hoved napa kål, strimlet
- 1 spsk lys sojasovs
- ½ spsk sort eddike
- Friskkværnet sort peber

Kørselsvejledning :

a) Varm en wok op ved middelhøj varme. Hæld olien i og tilsæt chili. Lad chilierne trække i olien i 15 sekunder. Tilsæt ingefærskiverne og et nip salt. Smid hvidløget i og steg kort for at smage olien, cirka 10 sekunder. Lad ikke hvidløget brune eller brænde på.

b) Tilsæt kålen og steg, indtil den visner og bliver lysegrøn, cirka 4 minutter. Tilsæt den lyse soja og sort eddike og smag til med en knivspids salt og peber. Kast til belægning i yderligere 20 til 30 sekunder.

c) Overfør til et fad og kassér ingefæren. Serveres varm.

4. Omrørt salat med østerssauce

ingredienser

- 1½ spsk vegetabilsk olie
- 1 skrællet frisk ingefær skive, cirka på størrelse med en kvart
- Kosher salt
- 2 fed hvidløg, skåret i tynde skiver
- 1 hoved icebergsalat, skyllet og centrifugeret tør, skåret i 1-tommer brede stykker
- 2 spsk østerssauce
- ½ tsk sesamolie, til pynt

Kørselsvejledning :

a) Varm en wok op over medium-høj varme, indtil en dråbe vand syder og fordamper ved kontakt. Tilsæt den vegetabilske olie og rør rundt for at dække bunden af wokken. Smag olien til ved at tilføje ingefærskiven og et nip salt. Lad ingefæren syde i olien i cirka 30 sekunder, mens du hvirvles forsigtigt rundt.

b) Tilsæt hvidløg og steg kort for at smage olien, cirka 10 sekunder. Lad ikke hvidløget brune eller brænde på. Tilsæt salaten og steg, indtil den begynder at visne lidt, 3 til 4 minutter. Dryp østerssaucen over salaten og vend den hurtigt til belægning, yderligere 20 til 30 sekunder.

5. Omrørt broccoli og bambusskud

ingredienser

- 2 spiseskefulde vegetabilsk olie
- 1 skrællet frisk ingefær skive, cirka på størrelse med en kvart
- 4 kopper broccolibuketter
- 2 spsk vand
- 2 fed hvidløg, hakket
- 1 (8-ounce) dåse skåret bambusskud, skyllet og drænet
- 1 spsk lys sojasovs
- 1 tsk sesamolie
- 2 tsk ristede sesamfrø

Kørselsvejledning :

a) Varm en wok op ved middelhøj varme. Hæld vegetabilsk olie i og tilsæt ingefærskiven og en knivspids salt.

b) Tilsæt broccoli og steg i 2 minutter, indtil den er lysegrøn. Tilsæt vandet og dæk gryden til i 2 minutter for at dampe broccolien.

c) Fjern låget, tilsæt hvidløg og fortsæt med at røre i 30 sekunder. Rør bambusskuddene i og fortsæt med at røre i yderligere 30 sekunder.

d) Rør den lette soja- og sesamolie i. Fjern ingefæren og kassér. Anret på et opvarmet fad og pynt med sesamfrø.

6. Tørstegte strygebønner

ingredienser

- 1 spsk lys sojasovs
- 1 spsk hakket hvidløg
- 1 spsk doubanjiang (kinesisk chilibønnepasta)
- 2 tsk sukker
- 1 tsk sesamolie
- Kosher salt
- ½ kop vegetabilsk olie
- 1 pund grønne bønner, trimmet, skåret i to og duppet tørre

Kørselsvejledning :

a) I en lille skål røres den lyse soja, hvidløg, bønnepasta, sukker, sesamolie og en knivspids salt sammen. Sæt til side.

b) I en wok opvarmes den vegetabilske olie over medium-høj varme. Steg bønnerne. Vend forsigtigt bønnerne i olien, indtil de ser krøllede ud.

c) Når alle bønnerne er kogt, overføres forsigtigt den resterende olie til en varmefast beholder. Brug en tang med et par køkkenrulle til at tørre og rense wokken.

d) Sæt wokken tilbage på høj varme og tilsæt 1 spsk af den reserverede fritureolie. Tilsæt grønne bønner og chilisauce, rør rundt, indtil saucen koger og dækker de grønne bønner. Kom bønnerne over på et fad og server dem varme.

7. Omrørt Bok Choy og svampe

ingredienser

- 3 spiseskefulde vegetabilsk olie
- 1 skrællet frisk ingefær skive, cirka på størrelse med en kvart
- ½ pund friske shiitakesvampe
- 2 fed hvidløg, hakket
- 1½ pund baby bok choy, skåret på tværs i 1-tommers stykker
- 2 spsk Shaoxing risvin
- 2 tsk lys sojasovs
- 2 tsk sesamolie

Kørselsvejledning :

a) Varm en wok op ved middelhøj varme. Hæld den vegetabilske olie i og hvirvl den rundt for at dække bunden af wokken. Tilsæt ingefærskiven og et nip salt.

b) Tilsæt svampene og steg i 3 til 4 minutter, indtil de lige begynder at blive brune. Tilsæt hvidløg og steg indtil dufter, cirka 30 sekunder mere.

c) Tilsæt bok choy og vend med svampene. Tilsæt risvin, lys soja og sesamolie. Kog i 3 til 4 minutter, og vend grøntsagerne konstant, indtil de er møre.

d) Overfør grøntsagerne til et serveringsfad, kassér ingefæren og server varm.

8. Omrørt grøntsagsmedley

ingredienser

- 3 spiseskefulde vegetabilsk olie
- 1 skrællet frisk ingefær skive, cirka på størrelse med en kvart
- Kosher salt
- $\frac{1}{2}$ hvidt løg, skåret i 1-tommers stykker
- 1 stor gulerod, skrællet og skåret diagonalt
- 2 selleri ribben, skåret diagonalt i $\frac{1}{4}$-tommer tykke skiver
- 6 friske shiitakesvampe
- 1 rød peberfrugt, skåret i 1-tommers stykker
- 1 lille håndfuld grønne bønner, trimmet
- 2 fed hvidløg, finthakket
- 2 spidskål, skåret i tynde skiver

Kørselsvejledning :

a) Varm en wok op over medium-høj varme, indtil en dråbe vand syder og fordamper ved kontakt. Hæld olien i og hvirvl rundt for at dække bunden af wokken. Smag olien til ved at tilføje ingefærskiven og et nip salt. Lad olien syde i cirka 30 sekunder, mens du hvirvles forsigtigt rundt.

b) Tilsæt løg, gulerod og selleri til wokken og steg grøntsagerne hurtigt rundt i wokken med en spatel. Når grøntsagerne begynder at se møre ud, cirka 4 minutter, tilsæt svampene og fortsæt med at smide dem i den varme wok.

c) Når svampene ser bløde ud, tilsæt peberfrugten og fortsæt med at smide, ca. 4 minutter mere. Når peberfrugterne begynder at blive bløde, tilsæt de grønne bønner og vend indtil de er møre, cirka 3 minutter mere. Tilsæt hvidløg og vend indtil duften.

d) Overfør til et fad, kassér ingefæren og pynt med spidskål. Serveres varm.

9. Buddhas glæde

ingredienser

- Lille håndfuld (ca. ⅓ kop) tørrede øresvampe af træ
- 8 tørrede shiitakesvampe
- 2 spsk lys sojasovs
- 2 tsk sukker
- 1 tsk sesamolie
- 2 spiseskefulde vegetabilsk olie
- 2 skrællede friske ingefærskiver, hver på størrelse med en kvart
- Kosher salt
- 1 delicata squash, halveret, frøet og skåret i mundrette stykker
- 2 spsk Shaoxing risvin
- 1 kop sukkerærter, strenge fjernet
- 1 (8-ounce) dåse vandkastanjer, skyllet og drænet
- Friskkværnet sort peber

Kørselsvejledning :

a) Udblød begge tørrede svampe i separate skåle lige dækket med varmt vand, indtil de er bløde, cirka 20 minutter. Tøm og kassér træørevæsken. Dræn og gem ½ kop af shiitake-væsken. Til svampevæsken tilsæt den lyse soja, sukker og sesamolie og rør for at opløse sukkeret. Sæt til side.

b) Varm en wok op over medium-høj varme, indtil en dråbe vand syder og fordamper ved kontakt. Hæld den vegetabilske olie i og hvirvl den rundt for at dække bunden af wokken. Smag olien til ved at tilsætte ingefærskiver og en knivspids salt. Lad ingefæren syde i olien i cirka 30 sekunder, mens du hvirvles forsigtigt rundt.

c) Tilsæt squashen og rør rundt, og vend med den krydrede olie i cirka 3 minutter. Tilsæt både svampe og risvinen og fortsæt med at røre i 30 sekunder. Tilsæt sneærter og vandkastanjer, og vend det til med olie. Tilsæt den reserverede svampekrydderivæske og læg låg på. Fortsæt med at lave mad, under omrøring af og til, indtil grøntsagerne er lige møre, cirka 5 minutter.

d) Tag låget af og smag til med salt og peber. Kassér ingefæren og server.

10.   Tofu i Hunan-stil

ingredienser

- 1 tsk majsstivelse
- 1 spsk vand
- 4 spsk vegetabilsk eller rapsolie, delt
- Kosher salt
- 1 pund fast tofu, drænet og skåret i ½ tomme tykke firkanter, 2 tommer på tværs
- 3 spsk fermenterede sorte bønner, skyllet og knust
- 2 spsk doubanjiang (kinesisk chilibønnepasta)
- 1-tommer stykke frisk ingefær, skrællet og finthakket
- 3 fed hvidløg, finthakket
- 1 stor rød peberfrugt, skåret i 1-tommers stykker
- 4 spidskål, skåret i 2-tommer sektioner
- 1 spsk Shaoxing risvin
- 1 tsk sukker
- ¼ kop lav-natrium kylling eller grøntsagsbouillon

Kørselsvejledning :

a) I en lille skål røres majsstivelse og vand sammen og stilles til side.

b) Varm en wok op over medium-høj varme, indtil en dråbe vand syder og fordamper ved kontakt. Hæld 2 spiseskefulde olie i og hvirvl rundt for at dække bunden og siderne af wokken. Tilsæt et nip salt og læg tofuskiverne i wokken i ét lag. Svits tofuen i 1 til 2 minutter, og vip wokken rundt for at glide olien ind under tofuen, mens den svirrer. Når den første side er brunet, vend forsigtigt tofuen med en wokspatel og svits den i yderligere 1 til 2 minutter, indtil den er gyldenbrun. Overfør den ristede tofu til en tallerken og stil til side.

c) Sænk varmen til medium-lav. Tilsæt de resterende 2 spsk olie til wokken. Så snart olien begynder at ryge lidt, tilsæt de sorte bønner, bønnepasta, ingefær og hvidløg. Steg i 20 sekunder, eller indtil olien får en dyb rød farve fra bønnepastaen.

d) Tilsæt peberfrugt og spidskål og vend med Shaoxing-vinen og sukkeret. Kog i endnu et minut, eller indtil vinen næsten er fordampet og peberfrugten er mør.

e) Vend forsigtigt den stegte tofu i, indtil alle ingredienserne i wokken er kombineret. Fortsæt med at koge i 45 sekunder mere, eller indtil tofuen får en dyb rød farve, og spidskålen er visnet.

f) Dryp kyllingebouillonen over tofublandingen, og rør forsigtigt for at afglatte wokken og opløse eventuelle af de fastsiddende stykker på wokken. Giv majsstivelses-vand-blandingen en hurtig omrøring og tilsæt til wokken. Rør forsigtigt rundt og lad det simre i 2 minutter, eller indtil saucen bliver blank og tyk. Serveres varm.

11.   Ma Po Tofu

ingredienser

- ½ pund hakket svinekød
- 2 spsk Shaoxing risvin
- 2 tsk lys sojasovs
- 1 tsk skrællet finthakket frisk ingefær
- 2 tsk majsstivelse
- 1½ spsk vand
- 2 spiseskefulde vegetabilsk olie
- 1 spsk Sichuan peberkorn, knust
- 3 spiseskefulde doubanjiang (kinesisk chilibønnepasta)
- 4 spidskål, skåret i tynde skiver, delt
- 1 tsk chili olie
- 1 tsk sukker
- ½ tsk kinesisk fem krydderipulver
- 1-pund medium tofu, drænet og skåret i ½-tommers terninger

- 1½ dl hønsebouillon med lavt natriumindhold
- Kosher salt
- 1 spsk grofthakkede friske korianderblade, til pynt

Kørselsvejledning :

a) I en lille skål blandes det hakkede svinekød, risvin, lys soja og ingefær sammen. Sæt til side. I en anden lille skål blandes majsstivelsen sammen med vandet. Sæt til side.

b) Opvarm en wok over medium-høj varme og hæld vegetabilsk olie i. Tilsæt Sichuan-peberkornene og sauter forsigtigt, indtil de begynder at syde, mens olien varmes op.

c) Tilsæt det marinerede svinekød og bønnepastaen og steg i 4 til 5 minutter, indtil svinekødet er brunet og smuldret. Tilsæt halvdelen af spidskålene, chiliolien, sukker og fem krydderipulver. Fortsæt med at røre i yderligere 30 sekunder, eller indtil spidskålen visner.

d) Fordel tofu-terningerne over svinekødet og hæld bouillonen i. Rør ikke; lad tofuen koge og stivne en smule først. Læg låg på og lad det simre i 15 minutter ved middel varme. Afdæk og rør forsigtigt. Pas på ikke at bryde tofu-terningerne for meget op.

e) Smag til og tilsæt salt eller sukker, alt efter hvad du foretrækker. Ekstra sukker kan berolige krydret, hvis det er for varmt. Rør majsstivelsen og vandet igen og tilsæt tofuen. Rør forsigtigt, indtil saucen tykner.

f) Pynt med de resterende spidskål og koriander og server varm.

12. Dampet bønnemasse i en simpel sauce

ingredienser

- 1-pund medium tofu
- 2 spsk lys sojasovs
- 1 spsk sesamolie
- 2 tsk sort eddike
- 2 fed hvidløg, finthakket
- 1 tsk skrællet finthakket frisk ingefær
- ½ tsk sukker
- 2 spidskål, skåret i tynde skiver
- 1 spsk grofthakkede friske korianderblade

Kørselsvejledning :

a) Tag tofuen ud af emballagen, og sørg for at holde den intakt. Læg den på en stor tallerken og skær den forsigtigt i 1-1½ tomme tykke skiver. Stil til side i 5 minutter. Ved at hvile tofuen kan mere af dens valle løbe ud.

b) Skyl en bambus-damperkurv og dens låg under koldt vand og læg den i wokken. Hæld omkring 2 tommer koldt vand i, eller indtil det kommer over bunden af dampkogeren med omkring ¼ til ½ tomme, men ikke så højt, at vandet rører bunden af kurven.

c) Dræn eventuelt ekstra valle fra tofu-pladen og læg pladen i bambusdamperen. Dæk til og sæt wokken over medium-høj varme. Bring vandet i kog og damp tofuen i 6 til 8 minutter.

d) Mens tofuen damper, rør i en lille gryde lys soja, sesamolie, eddike, hvidløg, ingefær og sukker sammen ved lav varme, indtil sukkeret er opløst.

e) Dryp den varme sauce over tofuen og pynt med spidskål og koriander.

13. Sesam asparges

ingredienser

- 2 spsk lys sojasovs
- 1 tsk sukker
- 1 spiseskefuld vegetabilsk olie
- 2 store fed hvidløg, groft hakket
- 2 pund asparges, trimmet og skåret diagonalt i 2-tommer lange stykker
- Kosher salt
- 2 spsk sesamolie
- 1 spsk ristede sesamfrø

Kørselsvejledning :

a) I en lille skål røres den lyse soja og sukker sammen, indtil sukkeret er opløst. Sæt til side.

b) Varm en wok op over medium-høj varme, indtil en dråbe vand syder og fordamper ved kontakt. Hæld den vegetabilske olie i og hvirvl den rundt for at dække bunden af wokken. Tilsæt hvidløg og steg, indtil det dufter, cirka 10 sekunder.

c) Tilsæt asparges og rør rundt. Tilsæt sojasovsblandingen og vend aspargesene rundt, og kog i ca. 1 minut mere.

d) Dryp sesamolien over aspargesene og kom dem over i en serveringsskål. Pynt med sesamfrø og server varm.

14. Aubergine og tofu i sydende hvidløgssauce

ingredienser

- 6 kopper vand plus 1 spsk, delt
- 1 spsk kosher salt
- 3 lange kinesiske auberginer (ca. ¾ pund), trimmet og skåret diagonalt i 1-tommers stykker
- 1½ spsk majsstivelse, delt
- 1 spsk lys sojasovs
- 2 tsk sukker
- ½ tsk mørk sojasovs
- 3 spiseskefulde vegetabilsk olie, delt
- 3 fed hvidløg, hakket
- 1 tsk skrællet hakket frisk ingefær
- ½ pund fast tofu, skåret i ½-tommers terninger

Kørselsvejledning :

a) Kombiner de 6 kopper vand og salt i en stor skål. Rør kort for at opløse saltet og tilsæt auberginestykkerne. Læg et stort grydelåg ovenpå for at holde auberginen nedsænket i vandet og lad det sidde i 15 minutter. Dræn auberginen og dup den tør med køkkenrulle. Smid auberginen i en skål med et drys af majsstivelse, ca. 1 spsk.

b) I en lille skål røres den resterende ½ spsk majsstivelse med den resterende 1 spsk vand, lys soja, sukker og mørk soja. Sæt til side.

c) Varm en wok op over medium-høj varme, indtil en dråbe vand syder og fordamper ved kontakt. Hæld 2 spiseskefulde olie i og hvirvl for at dække bunden af wokken og op ad dens sider. Læg auberginen i et enkelt lag i wokken.

d) Svits auberginen på hver side, cirka 4 minutter på hver side. Auberginen skal være let forkullet og gyldenbrun. Sænk varmen til medium, hvis wokken begynder at ryge. Overfør aubergine til en skål og sæt wokken tilbage på varmen.

e) Tilsæt den resterende 1 spsk olie og steg hvidløg og ingefær, indtil de er duftende og sydende, cirka

10 sekunder. Tilsæt tofuen og steg i yderligere 2 minutter, og vend derefter auberginen tilbage i wokken. Rør saucen igen og hæld i wokken, og vend alle ingredienserne sammen, indtil saucen tykner til en mørk, blank konsistens.

f) Overfør aubergine og tofu til et fad og server varmt.

15. Kinesisk broccoli med østerssauce

ingredienser

- ¼ kop østerssauce
- 2 tsk lys sojasovs
- 1 tsk sesamolie
- 2 spiseskefulde vegetabilsk olie
- 4 skrællede friske ingefærskiver, hver på størrelse med en kvart
- 4 fed hvidløg, pillede
- Kosher salt
- 2 bundter kinesisk broccoli eller broccoli, hårde ender trimmet
- 2 spsk vand

Kørselsvejledning :

a) I en lille skål røres østerssaucen, lys soja og sesamolie sammen og sættes til side.

b) Varm en wok op over medium-høj varme, indtil en dråbe vand syder og fordamper ved kontakt. Hæld den vegetabilske olie i og hvirvl den rundt for at dække bunden af wokken. Tilsæt ingefær, hvidløg og en knivspids salt. Lad aromaterne at syde i olien, mens de hvirvles forsigtigt rundt i cirka 10 sekunder.

c) Tilsæt broccolien og rør rundt, indtil den er dækket med olie og lysegrøn. Tilsæt vandet og dæk til for at dampe broccolien i cirka 3 minutter, eller indtil stilkene nemt kan gennembores med en kniv. Fjern ingefær og hvidløg og kassér.

d) Rør saucen i og vend den til den er varm. Overfør til en serveringsfad.

FISK OG SKALDYR

16.   **Salt og peber rejer**

Ingredienser :

- 1 spsk kosher salt
- 1½ tsk Sichuan peberkorn
- 1½ pund store rejer (U31-35), pillede og afvinede, haler efterladt på
- ½ kop vegetabilsk olie
- 1 kop majsstivelse
- 4 spidskål, skåret diagonalt
- 1 jalapeñopeber, halveret og frøet, skåret i tynde skiver
- 6 fed hvidløg, skåret i tynde skiver

Kørselsvejledning :

a) Rist salt og peberkorn i en lille sauterpande eller stegepande ved middel varme, indtil de er aromatiske, ryst og omrør ofte for at undgå at brænde. Overfør til en skål for at køle helt af. Kværn salt og peberkorn sammen i en krydderikværn eller med en morter. Overfør til en skål og stil til side.

b) Dup rejerne tørre med et køkkenrulle.

c) I en wok, opvarm olien over medium-høj varme til 375 ° F, eller indtil den bobler og syder omkring enden af en træske.

d) Kom majsstivelsen i en stor skål. Lige før du er klar til at stege rejerne, smid halvdelen af rejerne i majsstivelsen og ryst eventuelt overskydende majsstivelse af.

e) Steg rejerne i 1 til 2 minutter, indtil de bliver lyserøde. Brug en wok-skummer til at overføre de stegte rejer til en rist over en bageplade for at dræne dem. Gentag processen med de resterende rejer med majsstivelse, stegning og overførsel til stativet for afdrypning.

f) Når alle rejerne er kogt, skal du forsigtigt fjerne alle undtagen 2 spiseskefulde olie og sætte wokken tilbage på medium varme. Tilsæt spidskål, jalapeño og hvidløg og rør rundt, indtil spidskål og jalapeño bliver lysegrønt, og hvidløget er aromatisk. Kom rejerne tilbage i wokken, smag til med salt- og peberblandingen (du kan ikke bruge det hele), og vend dem til pels. Overfør rejerne til et fad og server varmt.

17.   Berusede rejer

SERVER 4

Ingredienser :

- 2 kopper Shaoxing risvin
- 4 skrællede friske ingefærskiver, hver på størrelse med en kvart
- 2 spsk tørrede gojibær (valgfrit)
- 2 tsk sukker
- 1-pund jumbo-rejer (U21-25), pillede og afvinede, haler efterladt på
- 2 spiseskefulde vegetabilsk olie
- Kosher salt
- 2 tsk majsstivelse

Kørselsvejledning :

a) I en bred røreskål røres risvin, ingefær, gojibær (hvis du bruger) og sukker sammen, indtil sukkeret er opløst. Tilsæt rejerne og læg låg på. Mariner i køleskabet i 20 til 30 minutter.

b) Hæld rejer og marinade i et dørslag sat over en skål. Gem ½ kop marinaden og kassér resten.

c) Varm en wok op over medium-høj varme, indtil en dråbe vand syder og fordamper ved kontakt. Hæld olien i og hvirvl rundt for at dække bunden af wokken. Krydr olien ved at tilsætte en lille knivspids salt, og rør forsigtigt rundt.

d) Tilsæt rejerne og rør kraftigt, tilsæt et nip salt, mens du vender og kaster rejerne rundt i wokken. Bliv ved med at flytte rejerne rundt i cirka 3 minutter, indtil de lige bliver lyserøde.

e) Rør majsstivelsen i den reserverede marinade og hæld den over rejerne. Kast rejerne og overtræk med marinaden. Det vil tykne til en blank sauce, når det begynder at koge, cirka 5 minutter mere.

f) Overfør rejer og gojibær til et fad, kassér ingefæren og server varm.

18. Omrørte rejer i Shanghai-stil

Ingredienser :

- 1-pund mellemstore rejer (U31-40), pillede og afvinede, haler efterladt på
- 2 spiseskefulde vegetabilsk olie
- Kosher salt
- 2 tsk Shaoxing risvin
- 2 spidskål, fintrevet

Kørselsvejledning :

a) Brug en skarp køkkensaks eller en skærekniv til at skære rejerne i halve på langs, mens haledelen holdes intakt. Da rejen er omrørt, vil skæring af den på denne måde give mere overfladeareal og skabe en unik form og tekstur!

b) Dup rejerne tørre med køkkenrulle og hold dem tør. Jo tørrere rejerne er, jo mere smagfuld er retten. Du kan opbevare rejerne på køl, rullet sammen i et køkkenrulle, i op til 2 timer før tilberedning.

c) Varm en wok op over medium-høj varme, indtil en dråbe vand syder og fordamper ved kontakt. Hæld olien i og hvirvl rundt for at dække bunden af wokken. Krydr olien ved at tilsætte en lille knivspids salt, og rør forsigtigt rundt.

d) Tilsæt rejerne på én gang til den varme wok. Kast og vend hurtigt i 2 til 3 minutter, indtil rejerne lige begynder at blive lyserøde. Smag til med endnu et lille nip salt, og tilsæt risvinen. Lad vinen koge af, mens du steger videre, cirka 2 minutter mere. Rejen skal skilles og krølle, stadig fastgjort ved halen.

e) Overfør til et serveringsfad og pynt med spidskål. Serveres varm.

19. Valnød rejer

Ingredienser :

- Nonstick vegetabilsk olie spray
- 1-pund jumbo-rejer (U21-25), pillede
- 25 til 30 valnøddehalvdele
- 3 kopper vegetabilsk olie, til stegning
- 2 spsk sukker
- 2 spsk vand
- $\frac{1}{4}$ kop mayonnaise
- 3 spsk sødet kondenseret mælk
- $\frac{1}{4}$ tsk riseddike
- Kosher salt
- ⅓ kop majsstivelse

Kørselsvejledning :

a) Beklæd en bageplade med bagepapir og sprøjt let med madlavningsspray. Sæt til side.

b) Sommerfugl rejer ved at holde den på et skærebræt med den buede side nedad. Start fra hovedområdet og stik spidsen af en skrællekniv tre fjerdedele af vejen ind i rejerne. Lav en skive ned i midten af rejens ryg til halen. Skær ikke hele vejen gennem rejerne, og skær ikke ind i haleområdet. Åbn rejen som en bog og spred den fladt. Tør venen (rejens fordøjelseskanal), hvis den er synlig, af, og skyl rejerne under koldt vand, og tør derefter med et køkkenrulle. Sæt til side.

c) I en wok, opvarm olien over medium-høj varme til 375 ° F, eller indtil den bobler og syder omkring enden af en træske. Steg valnødderne, indtil de er gyldenbrune, 3 til 4 minutter, og overfør valnødderne til en tallerken foret med køkkenrulle med en wok-skummer. Stil til side og sluk for varmen.

d) Rør sukker og vand sammen i en lille gryde og bring det i kog ved middelhøj varme under omrøring af og til, indtil sukkeret er opløst. Sænk varmen til medium og lad det simre for at reducere siruppen i 5 minutter, eller indtil siruppen er tyk og blank. Tilsæt valnødderne og vend rundt for at dække dem helt med siruppen. Overfør nødderne til den forberedte bageplade og stil dem til afkøling. Sukkeret skal stivne omkring nødderne og danne en kandiseret skal.

e) I en lille skål røres mayonnaise, kondenseret mælk, riseddike og en knivspids salt sammen. Sæt til side.

f) Bring wokolien tilbage til 375°F over medium-høj varme. Mens olien varmer, krydrer du rejerne let med et nip salt. I en røreskål, smid rejerne med majsstivelsen, indtil de er godt belagt. Arbejd i små omgange, ryst den overskydende majsstivelse af rejerne og steg i olien, flyt dem hurtigt i olien, så de ikke klistrer sammen. Steg rejerne i 2 til 3 minutter, indtil de er gyldenbrune.

g) Overfør til en ren røreskål og dryp saucen over. Fold forsigtigt, indtil rejerne er jævnt belagt. Anret rejerne på et fad og pynt med de kandiserede valnødder. Serveres varm.

20. Fløjlsbelagte kammuslinger

Ingredienser :

- 1 stor æggehvide
- 2 spsk majsstivelse
- 2 spsk Shaoxing risvin, delt
- 1 tsk kosher salt, delt
- 1-pund friske kammuslinger, skyllet, muskler fjernet og tørret
- 3 spiseskefulde vegetabilsk olie, delt
- 1 spsk lys sojasovs
- $\frac{1}{4}$ kop friskpresset appelsinjuice
- Revet skal af 1 appelsin
- Rød peberflager (valgfrit)
- 2 spidskål, kun grøn del, skåret i tynde skiver, til pynt

Kørselsvejledning :

a) I en stor skål kombineres æggehviden, majsstivelsen, 1 spsk risvin og ½ tsk salt og røres med et lille piskeris, indtil majsstivelsen er helt opløst og ikke længere er klumpet. Kom kammuslingerne i og stil dem på køl i 30 minutter.

b) Tag kammuslingerne ud af køleskabet. Bring en mellemstor gryde med vand i kog. Tilsæt 1 spiseskefuld vegetabilsk olie og lad det simre. Tilsæt kammuslingerne til det kogende vand og kog i 15 til 20 sekunder, under konstant omrøring, indtil kammuslingerne lige bliver uigennemsigtige (muslingerne bliver ikke helt gennemstegte). Brug en wok-skummer til at overføre kammuslingerne til en bageplade beklædt med køkkenrulle og dup dem tørre med køkkenrulle.

c) Kombiner den resterende 1 spiseskefuld risvin, lys soja, appelsinjuice, appelsinskal og en knivspids rød peberflager (hvis du bruger) i et glasmålebæger og sæt til side.

d) Varm en wok op over medium-høj varme, indtil en dråbe vand syder og fordamper ved kontakt. Hæld de resterende 2 spiseskefulde olie i, og drej rundt for at dække bunden af wokken. Krydr olien ved at tilsætte den resterende ½ tsk salt.

e) Tilsæt de fløjlsbløde kammuslinger til wokken og vend saucen i. Steg kammuslingerne til de lige er gennemstegte, cirka 1 minut. Overfør til et serveringsfad og pynt med spidskål.

21. Fisk og skaldyr og grøntsager omrøres med nudler

Ingredienser :

- 1 kop vegetabilsk olie, delt
- 3 skrællede friske ingefærskiver
- Kosher salt
- 1 rød peberfrugt, skåret i 1-tommers stykker
- 1 lille hvidt løg, skåret i tynde, lange lodrette strimler
- 1 stor håndfuld sneærter, snore fjernet
- 2 store fed hvidløg, finthakket
- ½ pund rejer eller fisk, skåret i 1-tommers stykker
- 1 spsk sort bønnesauce
- ½ pund tørrede vermicelli risnudler eller bønnetrådsnudler

Kørselsvejledning :

a) Varm en wok op over medium-høj varme, indtil en dråbe vand syder og fordamper ved kontakt. Hæld 2 spiseskefulde olie i og vend rundt for at dække bunden af wokken. Smag olien til ved at tilsætte ingefærskiverne og et lille nip salt. Lad ingefæren syde i olien i cirka 30 sekunder, mens du hvirvles forsigtigt rundt.

b) Tilsæt peberfrugt og løg og steg hurtigt ved at vende dem rundt i wokken med en wok-spatel.

c) Krydr let med salt og fortsæt med at røre i 4 til 6 minutter, indtil løget ser blødt og gennemsigtigt ud. Tilsæt sneærter og hvidløg, vend og vend indtil hvidløget er duftende, cirka et minut mere. Overfør grøntsagerne til en tallerken.

d) Varm yderligere 1 spsk olie op og tilsæt rejer eller fisk. Vend forsigtigt rundt og smag til med et lille nip salt. Steg i 3 til 4 minutter, eller indtil rejerne bliver lyserøde, eller fisken begynder at flage. Kom grøntsagerne tilbage og vend det hele sammen i 1 minut mere. Kassér ingefæren og overfør rejerne til et fad. Telt med folie for at holde varmen.

e) Tør wokken af og vend tilbage til medium-høj varme. Hæld den resterende olie i (ca. ¾ kop) og opvarm til 375 ° F, eller indtil det bobler og syder omkring enden af en træske. Så snart olien er ved temperatur, tilsæt de tørrede nudler. De vil straks begynde at puste og stige fra olien. Brug en tang til at vende skyen af nudler om, hvis du skal stege toppen, og løft forsigtigt fra olien og overfør den til en tallerken med køkkenrulle for at dræne og afkøle.

f) Bræk forsigtigt nudlerne i mindre bidder og fordel dem over de stegte grøntsager og rejer. Server straks.

22. Heldampet fisk med ingefær og spidskål

Ingredienser :

Til fisken

- 1 hel hvid fisk, ca. 2 pund, hovedet på og renset
- ½ kop kosher salt, til rengøring
- 3 spidskål, skåret i 3-tommer stykker
- 4 skrællede friske ingefærskiver, hver på størrelse med en kvart
- 2 spsk Shaoxing risvin

Til saucen

- 2 spsk lys sojasovs
- 1 spsk sesamolie
- 2 tsk sukker

Til den sydende ingefærolie

- 3 spiseskefulde vegetabilsk olie
- 2 spsk skrællet frisk ingefær fint skåret i tynde strimler

- 2 spidskål, skåret i tynde skiver
- Rødløg, i tynde skiver (valgfrit)
- Koriander (valgfrit)

Kørselsvejledning :

a) Gnid fisken indvendigt og udvendigt med kosher salt. Skyl fisken og dup den tør med køkkenrulle.

b) På en tallerken, der er stor nok til at passe ind i en bambus-damperkurv, lav en seng med halvdelen af hver af spidskålene og ingefæren. Læg fisken ovenpå og stop de resterende spidskål og ingefær indeni fisken. Hæld risvinen over fisken.

c) Skyl en bambus-damperkurv og dens låg under koldt vand og læg den i wokken. Hæld omkring 2 tommer koldt vand i, eller indtil det kommer over bunden af dampkogeren med omkring $\frac{1}{4}$ til $\frac{1}{2}$ tomme, men ikke så højt, at vandet rører bunden af kurven. Bring vandet i kog.

d) Læg pladen i dampkogerkurven og dæk den. Damp fisken ved middel varme i 15 minutter (tilføj 2 minutter for hvert halve pund mere). Før den tages ud af wokken, prikkes fisken med en gaffel nær hovedet. Hvis kødet flager, er det færdigt. Hvis kødet stadig hænger sammen, så damp i 2 minutter mere.

e) Mens fisken damper, varm den lyse soja, sesamolie og sukker i en lille gryde ved svag varme og stil til side.

f) Når fisken er kogt, overføres den til et rent fad. Kassér kogevæsken og aromaterne fra damppladen. Hæld den varme sojasovsblanding over fisken. Telt med folie for at holde det varmt, mens du forbereder olien.

23.   Omrørt fisk med ingefær og Bok Choy

Ingredienser :

- 1 stor æggehvide
- 1 spsk Shaoxing risvin
- 2 tsk majsstivelse
- 1 tsk sesamolie
- ½ tsk lys sojasovs
- 1-pund udbenede fiskefileter, skåret i 2-tommers bidder
- 4 spiseskefulde vegetabilsk olie, delt
- Kosher salt
- 4 skrællede friske ingefærskiver, cirka på størrelse med en kvart
- 3 hoveder baby bok choy, skåret i mundrette stykker
- 1 fed hvidløg, hakket

Kørselsvejledning :

a) I en mellemstor skål blandes æggehviden, risvin, majsstivelse, sesamolie og lys soja sammen. Tilsæt fisken til marinaden, og rør rundt. Mariner i 10 minutter.

b) Varm en wok op over medium-høj varme, indtil en dråbe vand syder og fordamper ved kontakt. Hæld 2 spiseskefulde vegetabilsk olie i og hvirvl rundt for at dække bunden af wokken. Krydr olien ved at tilsætte en lille knivspids salt, og rør forsigtigt rundt.

c) Med en hulske løftes fisken fra marinaden og steges i wokken i ca. 2 minutter på hver side, indtil den er let brunet på begge sider. Læg fisken over på en tallerken og stil den til side.

d) Tilsæt de resterende 2 spiseskefulde vegetabilsk olie til wokken. Tilsæt endnu et nip salt og ingefær, og krydr olien, mens du hvirvles forsigtigt i 30 sekunder. Tilsæt bok choy og hvidløg og steg i 3 til 4 minutter, mens der røres konstant, indtil bok choyen er mør.

e) Kom fisken tilbage i wokken og vend forsigtigt sammen med bok choyen, indtil den er kombineret. Smag let til med endnu et nip salt. Overfør til et fad, kassér ingefæren og server med det samme.

24. Muslinger i sort bønnesauce

Ingredienser :

- 3 spiseskefulde vegetabilsk olie
- 2 skrællede friske ingefærskiver, hver på størrelse med en kvart
- Kosher salt
- 2 spidskål, skåret i 2-tommer lange stykker
- 4 store fed hvidløg, skåret i tynde skiver
- 2 pund levende PEI muslinger, skrubbede og skæggede
- 2 spsk Shaoxing risvin
- 2 spsk sort bønnesauce eller sort bønnesauce, der er købt i butikken
- 2 tsk sesamolie
- ½ bundt frisk koriander, groft hakket

Kørselsvejledning :

a) Varm en wok op over medium-høj varme, indtil en dråbe vand syder og fordamper ved kontakt. Hæld den vegetabilske olie i og hvirvl den rundt for at dække bunden af wokken. Smag olien til ved at tilsætte ingefærskiverne og et lille nip salt. Lad ingefæren syde i olien i cirka 30 sekunder, mens du hvirvles forsigtigt rundt.

b) Kom spidskål og hvidløg i og steg i 10 sekunder, eller indtil spidskålen er visnet.

c) Tilsæt muslingerne og vend dem til med olien. Hæld risvinen ned langs siderne af wokken og vend kort rundt. Dæk til og damp i 6 til 8 minutter, indtil muslingerne er åbnet.

d) Afdæk og tilsæt den sorte bønnesauce, og vend rundt for at belægge muslingerne. Dæk til og lad dampe i yderligere 2 minutter. Afdæk og pluk igennem, fjern eventuelle muslinger, der ikke har åbnet sig.

e) Dryp muslingerne med sesamolie. Vend kort, indtil sesamolien dufter. Kassér ingefæren, kom muslingerne over på et fad, og pynt med koriander.

25.   Kokos karry krabbe

Ingredienser :

- 2 spiseskefulde vegetabilsk olie

- 2 skrællede skiver frisk ingefær, cirka på størrelse med en kvart

- Kosher salt

- 1 skalotteløg, skåret i tynde skiver

- 1 spsk karrypulver

- 1 (13,5 ounce) dåse kokosmælk

- ¼ tsk sukker

- 1 spsk Shaoxing risvin

- 1 pund dåse krabbekød, drænet og plukket igennem for at fjerne skalstykker

- Friskkværnet sort peber

- ¼ kop hakket frisk koriander eller fladbladet persille, til pynt

- Kogte ris, til servering

Kørselsvejledning :

a) Varm en wok op over medium-høj varme, indtil en dråbe vand syder og fordamper ved kontakt. Hæld olien i og hvirvl rundt for at dække bunden af wokken. Smag olien til ved at tilsætte ingefærskiver og en knivspids salt. Lad ingefæren syde i olien i cirka 30 sekunder, mens du hvirvles forsigtigt rundt.

b) Tilsæt skalotteløg og steg i cirka 10 sekunder. Tilsæt karrypulveret og rør indtil dufter i yderligere 10 sekunder.

c) Rør kokosmælk, sukker og risvin i, dæk wokken og kog i 5 minutter.

d) Rør krabben i, dæk med låg, og kog indtil den er gennemvarmet, cirka 5 minutter. Tag låget af, tilpas krydringen med salt og peber, og kassér ingefæren. Hæld toppen af en skål med ris og pynt med hakket koriander.

26.   Friturestegt sort peber blæksprutte

Ingredienser :

- 3 kopper vegetabilsk olie
- 1-pund blæksprutterør og tentakler, renset og rør skåret i ⅓-tommer ringe
- ½ kop rismel
- Kosher salt
- ¼ tsk friskkværnet sort peber
- ¾ kop mousserende vand, opbevaret iskoldt
- 2 spsk grofthakket frisk koriander

Kørselsvejledning :

a) Hæld olien i wokken; olien skal være omkring 1 til 1½ inches dyb. Bring olien til 375 ° F over medium-høj varme. Du kan se, at olien har den rigtige temperatur, når olien bobler og syder omkring enden af en træske, når den dyppes i. Dup blæksprutten tør med køkkenrulle.

b) Rør i mellemtiden rismelet med et nip salt og peber i en lav skål. Pisk lige nok sprudlende vand i til at danne en tynd dej. Fold blæksprutten i, og løft blæksprutten op fra dejen ved hjælp af en wok-skummer eller hulske, og ryst det overskydende af. Sænk forsigtigt ned i den varme olie.

c) Kog blæksprutten i cirka 3 minutter, indtil den er gyldenbrun og sprød. Brug en wok-skummer til at fjerne calamarien fra olien og overføre til en tallerken foret med køkkenrulle og smag til med salt. Gentag med den resterende blæksprutte.

d) Overfør blæksprutten til et fad og pynt med koriander. Serveres varm.

27. Friturestegte østers med chili-hvidløgskonfetti

Ingredienser :

- 1 (16-ounce) beholder, små udrystede østers
- ½ kop rismel
- ½ kop universalmel, delt
- ½ tsk bagepulver
- Kosher salt
- Kværnet hvid peber
- ¼ teskefuld løgpulver
- ¾ kop mousserende vand, afkølet
- 1 tsk sesamolie
- 3 kopper vegetabilsk olie
- 3 store fed hvidløg, skåret i tynde skiver
- 1 lille rød chili, fint skåret
- 1 lille grøn chili, fint skåret
- 1 spidskål, skåret i tynde skiver

Kørselsvejledning :

a) I en røreskål røres rismelet, ¼ kop universalmel, bagepulver, en knivspids salt og hvid peber og løgpulver sammen. Tilsæt mousserende vand og sesamolie, bland til det er glat, og sæt til side.

b) I en wok, opvarm den vegetabilske olie over medium-høj varme til 375 ° F, eller indtil den bobler og syder omkring enden af en træske.

c) Dup østersene med et køkkenrulle, og dryp den resterende ¼ kop universalmel i. Dyp østersene en ad gangen i rismelsdejen og sænk forsigtigt ned i den varme olie.

d) Steg østersene i 3 til 4 minutter, eller indtil de er gyldenbrune. Overfør til en rist monteret over en bageplade til afdrypning. Drys let med salt.

e) Sæt olietemperaturen tilbage til 375°F, og steg hvidløg og chili kort, indtil de er sprøde, men stadig farvestrålende, cirka 45 sekunder. Løft olien ud med en trådskummer og læg den på en tallerken med køkkenrulle.

f) Anret østersene på et fad og drys hvidløg og chili over. Pynt med spidskål i skiver og server med det samme.

FJERKRÆ OG ÆG

28. Kung Pao kylling

Ingredienser :

- 3 tsk lys sojasovs
- 2½ tsk majsstivelse
- 2 tsk kinesisk sort eddike
- 1 tsk Shaoxing risvin
- 1 tsk sesamolie
- ¾ pund udbenet, skindfri, kyllingelår, skåret i 1-tommer
- 2 spiseskefulde vegetabilsk olie
- 6 til 8 hele tørrede røde chilier
- 3 spidskål, hvide og grønne dele adskilt, skåret i tynde skiver
- 2 fed hvidløg, hakket
- 1 tsk skrællet hakket frisk ingefær
- ¼ kop usaltede tørre ristede jordnødder

Kørselsvejledning :

a) I en mellemstor skål røres let soja, majsstivelse, sort eddike, risvin og sesamolie sammen, indtil majsstivelsen er opløst. Tilsæt kyllingen og rør forsigtigt til pels. Mariner i 10 til 15 minutter, eller nok tid til at forberede resten af ingredienserne.

b) Varm en wok op over medium-høj varme, indtil en dråbe vand syder og fordamper ved kontakt. Hæld den vegetabilske olie i og hvirvl den rundt for at dække bunden af wokken.

c) Tilsæt chilierne og steg i cirka 10 sekunder, eller indtil de lige er begyndt at blive sorte, og olien dufter let.

d) Tilsæt kyllingen, behold marinaden, og steg i 3 til 4 minutter, indtil den ikke længere er lyserød.

e) Smid spidskålshviderne, hvidløg og ingefær i og steg i ca. 30 sekunder. Hæld marinaden i og bland for at dække kyllingen. Smid peanuts i og kog i yderligere 2 til 3 minutter, indtil saucen bliver blank.

f) Overfør til en tallerken, pynt med spidskålsløg og server varm.

29.   Broccoli kylling

Ingredienser :

- 1 spsk Shaoxing risvin
- 2 tsk lys sojasovs
- 1 tsk hakket hvidløg
- 1 tsk majsstivelse
- $\frac{1}{4}$ tsk sukker
- $\frac{3}{4}$ pund udbenet, skindfri kyllingelår, skåret i 2-tommers stykker
- 2 spiseskefulde vegetabilsk olie
- 4 skrællede friske ingefærskiver, cirka på størrelse med en kvart
- Kosher salt
- 1 pund broccoli, skåret i mundrette buketter
- 2 spsk vand
- Rød peberflager (valgfrit)
- $\frac{1}{4}$ kop sort bønnesauce eller sort bønnesauce, der er købt i butikken

Kørselsvejledning :

a) I en lille skål blandes risvin, lys soja, hvidløg, majsstivelse og sukker sammen. Tilsæt kyllingen og mariner i 10 minutter.

b) Varm en wok op over medium-høj varme, indtil en dråbe vand syder og fordamper ved kontakt. Hæld den vegetabilske olie i og hvirvl den rundt for at dække bunden af wokken. Tilsæt ingefær og en knivspids salt. Lad ingefæren syde i cirka 30 sekunder, mens den hvirvles forsigtigt.

c) Overfør kyllingen til wokken, kassér marinaden. Steg kyllingen i 4 til 5 minutter, indtil den ikke længere er lyserød. Tilsæt broccoli, vand og en knivspids rød peberflager (hvis du bruger det) og steg i 1 minut. Dæk wokken og damp broccolien i 6 til 8 minutter, indtil den er sprød-mør.

d) Rør den sorte bønnesauce i, indtil den er dækket og gennemvarmet, cirka 2 minutter, eller indtil saucen er tyknet lidt og er blevet blank.

e) Kassér ingefæren, kom over på et fad og server varm.

30. Mandarinskalkylling

Ingredienser :

- 3 store æggehvider
- 2 spsk majsstivelse
- 1½ spsk let sojasovs, delt
- ¼ tsk malet hvid peber
- ¾ pund udbenet, skindfri kyllingelår, skåret i mundrette stykker
- 3 kopper vegetabilsk olie
- 4 skrællede friske ingefærskiver, hver på størrelse med en kvart
- 1 tsk Sichuan peberkorn, let revne
- Kosher salt
- ½ gult løg, skåret i tynde skiver i ¼-tommer brede strimler
- Skræl af 1 mandarin, skåret i ⅛-tommer tykke strimler
- Saft af 2 mandariner (ca. ½ kop)
- 2 tsk sesamolie

- ½ tsk riseddike
- Lys brun farin
- 2 spidskål skåret i tynde skiver til pynt
- 1 spsk sesamfrø, til pynt

Kørselsvejledning :

a) Pisk æggehviderne i en røreskål med en gaffel eller piskeris, indtil de er skummende, og indtil de strammere klumper er skummende. Rør majsstivelsen, 2 teskefulde lys soja og hvid peber i, indtil det er godt blandet. Vend kyllingen i og mariner i 10 minutter.

b) Hæld olien i wokken; olien skal være omkring 1 til 1½ inches dyb. Bring olien til 375 ° F over medium-høj varme. Du kan se, at olien har den rigtige temperatur, når du dypper enden af en træske i olien. Hvis olien bobler og syder omkring den, er olien klar.

c) Brug en hulske eller wokskummer til at løfte kyllingen fra marinaden og ryst det overskydende af. Sænk forsigtigt ned i den varme olie. Steg kyllingen i omgange i 3 til 4 minutter, eller indtil kyllingen er gyldenbrun og sprød på overfladen. Overfør til en tallerken beklædt med køkkenrulle.

d) Hæld alt undtagen 1 spsk olie fra wokken og sæt den over medium-høj varme. Rør olien rundt for at dække bunden af wokken. Smag olien til ved at tilsætte ingefær, peberkorn og en knivspids salt. Lad ingefær og pebernødder sive i olien i cirka 30 sekunder, mens du hvirvles forsigtigt rundt.

e) Tilsæt løget og steg, vend og vend med en wokspatel i 2 til 3 minutter, eller indtil løget bliver blødt og gennemsigtigt. Tilsæt mandarinskrællen og steg i endnu et minut, eller indtil duften.

f) Tilsæt mandarinjuice, sesamolie, eddike og en knivspids brun farin. Bring saucen i kog og lad den simre i cirka 6 minutter, indtil den er reduceret til det halve. Den skal være sirupsagtig og meget syrlig. Smag til og tilsæt eventuelt et nip salt.

g) Sluk for varmen og tilsæt den stegte kylling, og vend den over med saucen. Flyt kyllingen over på et fad, kassér ingefæren og pynt med skåret spidskål og sesamfrø. Serveres varm.

31. Cashew kylling

SERVER 4-6

Ingredienser :

- 1 spsk lys sojasovs
- 2 tsk Shaoxing risvin
- 2 tsk majsstivelse
- 1 tsk sesamolie
- ½ tsk malede Sichuan peberkorn
- ¾ pund udbenet, skindfri, kyllingelår, skåret i 1-tommers terninger
- 2 spiseskefulde vegetabilsk olie
- ½-tommers stykke skrællet finthakket frisk ingefær
- Kosher salt
- ½ rød peberfrugt, skåret i ½-tommers stykker
- 1 lille zucchini, skåret i ½-tommers stykker
- 2 fed hvidløg, hakket
- ½ kop usaltede tørre ristede cashewnødder

- 2 spidskål, hvide og grønne dele adskilt, skåret i tynde skiver

Kørselsvejledning :

a) I en mellemstor skål røres den lette soja, risvin, majsstivelse, sesamolie og Sichuan-peber sammen. Tilsæt kyllingen og rør forsigtigt til pels. Lad det marinere i 15 minutter, eller i tilstrækkelig tid til at forberede resten af ingredienserne.

b) Varm en wok op over medium-høj varme, indtil en dråbe vand syder og fordamper ved kontakt. Hæld den vegetabilske olie i og hvirvl den rundt for at dække bunden af wokken. Smag olien til ved at tilsætte ingefær og et nip salt. Lad ingefæren syde i olien i cirka 30 sekunder, mens du hvirvles forsigtigt rundt.

c) Brug en tang til at løfte kyllingen fra marinaden og overføre til wokken, mens marinaden gemmes. Steg kyllingen i 4 til 5 minutter, indtil den ikke længere er lyserød. Tilsæt den røde peberfrugt, zucchini og hvidløg og steg i 2 til 3 minutter, eller indtil grøntsagerne er møre.

d) Hæld marinaden i og bland for at dække de øvrige ingredienser. Bring marinaden i kog og fortsæt med at røre i 1 til 2 minutter, indtil saucen bliver tyk og blank. Rør cashewnødderne i og kog i endnu et minut.

e) Overfør til et serveringsfad, pynt med spidskål, og server varmt.

32. Fløjlskylling og sneærter

Ingredienser :

- 2 store æggehvider
- 2 spsk majsstivelse, plus 1 tsk
- ¾ pund udbenet, skindfri kyllingebryst
- 3½ spsk vegetabilsk olie, delt
- ⅓ kop lavnatrium kyllingebouillon
- 1 spsk Shaoxing risvin
- Kosher salt
- Kværnet hvid peber
- 4 skrællede friske ingefærskiver
- 1 (4-ounce) dåse skåret bambusskud, skyllet og drænet
- 3 fed hvidløg, hakket
- ¾ pund sneærter eller sukkerærter, snore fjernet

Kørselsvejledning :

a) Pisk æggehviderne i en røreskål med en gaffel eller piskeris, indtil de er skummende og de strammere klumper af æggehvide er skummende. Rør de 2 spiseskefulde majsstivelse i, indtil de er godt blandet og ikke længere klumpet. Fold kyllingen og 1 spiseskefuld vegetabilsk olie i og mariner.

b) I en lille skål røres kyllingebouillonen, risvinen og den resterende 1 tsk majsstivelse sammen og smages til med en knivspids salt og hvid peber. Sæt til side.

c) Bring en mellemstor gryde fyldt med vand i kog over høj varme. Tilsæt ½ spsk olie og reducer varmen til et simre. Brug en wok-skummer eller hulske til at lade marinaden løbe af, og overfør kyllingen til det kogende vand. Rør rundt i kyllingen, så stykkerne ikke klumper sig sammen. Kog i 40 til 50 sekunder, indtil kyllingen er hvid på ydersiden, men ikke gennemstegt. Dræn kyllingen i et dørslag og ryst det overskydende vand af. Kassér det kogende vand.

d) Varm en wok op over medium-høj varme, indtil en dråbe vand syder og fordamper ved kontakt. Hæld de resterende 2 spiseskefulde olie i, og drej rundt for at dække bunden af wokken. Smag olien til ved at tilsætte ingefærskiver og salt. Lad ingefæren syde i olien i cirka 30 sekunder, mens du hvirvles forsigtigt rundt.

e) Tilsæt bambusskuddene og hvidløget, og brug en wok-spatel til at beklæde med olie og kog indtil dufter, cirka 30 sekunder. Tilsæt sneærterne og steg i ca. 2 minutter, indtil de er lysegrønne og sprøde møre. Tilsæt kyllingen til wokken og vend i sauceblandingen. Kast til belægning og fortsæt med at lave mad i 1 til 2 minutter.

f) Overfør til et fad og kassér ingefæren. Serveres varm.

33. Kylling og grøntsager med sort bønnesauce

Ingredienser :

- 1 spsk lys sojasovs
- 1 tsk sesamolie
- 1 tsk majsstivelse
- ¾ pund udbenet, skindfri kyllingelår, skåret i mundrette stykker
- 3 spiseskefulde vegetabilsk olie, delt
- 1 skrællet frisk ingefær skive, cirka på størrelse med en kvart
- Kosher salt
- 1 lille gult løg, skåret i mundrette stykker
- ½ rød peberfrugt, skåret i mundrette stykker
- ½ gul eller grøn peberfrugt, skåret i mundrette stykker
- 3 fed hvidløg, hakket
- ⅓ kop sort bønnesauce eller sort bønnesauce, der er købt i butikken

Kørselsvejledning :

a) I en stor skål røres den lette soja, sesamolie og majsstivelse sammen, indtil majsstivelsen er opløst. Tilsæt kyllingen og vend den i marinaden. Stil kyllingen til side for at marinere i 10 minutter.

b) Varm en wok op over medium-høj varme, indtil en dråbe vand syder og fordamper ved kontakt. Hæld 2 spiseskefulde vegetabilsk olie i og hvirvl rundt for at dække bunden af wokken. Smag olien til ved at tilsætte ingefær og et nip salt. Lad ingefæren syde i olien i cirka 30 sekunder, mens du hvirvles forsigtigt rundt.

c) Overfør kyllingen til wokken og kassér marinaden. Lad stykkerne svitse i wokken i 2 til 3 minutter. Vend for at svitse på den anden side i yderligere 1 til 2 minutter mere. Steg hurtigt ved at smide og vende rundt i wokken i 1 minut mere. Overfør til en ren skål.

d) Tilsæt den resterende 1 spsk olie og vend løg og peberfrugt i. Steg hurtigt i 2 til 3 minutter, vend og vend grøntsagerne med en wok-spatel, indtil løget ser gennemsigtigt ud, men stadig er fast i konsistensen. Tilsæt hvidløg og steg i yderligere 30 sekunder.

e) Kom kyllingen tilbage i wokken og tilsæt den sorte bønnesauce. Vend og vend indtil kyllingen og grøntsagerne er dækket.

f) Overfør til et fad, kassér ingefæren og server varm.

34. Kylling med grønne bønner

Ingredienser :

- ¾ pund udbenet, skindfri kyllingelår, skåret på tværs af kornet i mundrette strimler
- 3 spsk Shaoxing risvin, delt
- 2 tsk majsstivelse
- Kosher salt
- Rød peber flager
- 3 spiseskefulde vegetabilsk olie, delt
- 4 skrællede friske ingefærskiver, hver på størrelse med en kvart
- ¾ pund grønne bønner, trimmet og halveret på tværs diagonalt
- 2 spsk lys sojasovs
- 1 spsk krydret riseddike
- ¼ kop skivede mandler, ristede
- 2 tsk sesamolie

Kørselsvejledning :

a) I en røreskål kombineres kyllingen med 1 spsk risvin, majsstivelse, en lille knivspids salt og en knivspids rød peberflager. Rør rundt for at dække kyllingen jævnt. Mariner i 10 minutter.

b) Varm en wok op over medium-høj varme, indtil en dråbe vand syder og fordamper ved kontakt. Hæld 2 spiseskefulde vegetabilsk olie i og hvirvl rundt for at dække bunden af wokken. Smag olien til ved at tilsætte ingefær og et lille nip salt. Lad ingefæren syde i olien i cirka 30 sekunder, mens du hvirvles forsigtigt rundt.

c) Tilsæt kyllingen og marinaden til wokken og steg i 3 til 4 minutter, eller indtil kyllingen er let svitset og ikke længere lyserød. Overfør til en ren skål og stil til side.

d) Tilsæt den resterende 1 spiseskefuld vegetabilsk olie og steg de grønne bønner i 2 til 3 minutter, eller indtil de bliver lysegrønne. Kom kyllingen tilbage i wokken og vend den sammen. Tilsæt de resterende 2 spiseskefulde risvin, let soja og eddike. Bland for at kombinere og overtræk og lad de grønne bønner simre i 3 minutter mere, eller indtil de grønne bønner er møre. Fjern ingefæren og kassér.

e) Smid mandlerne i og kom dem over på et fad. Dryp med sesamolie og server varm.

35. Kylling i sesamsauce

Ingredienser :

- 3 store æggehvider
- 3 spsk majsstivelse, delt
- 1½ spsk let sojasovs, delt
- 1 pund udbenet, skindfri kyllingelår, skåret i mundrette stykker
- 3 kopper vegetabilsk olie
- 3 skrællede friske ingefærskiver, hver på størrelse med en kvart
- Kosher salt
- Rød peber flager
- 3 fed hvidløg, groft hakket
- ¼ kop lavnatrium kyllingebouillon
- 2 spsk sesamolie
- 2 spidskål skåret i tynde skiver til pynt
- 1 spsk sesamfrø, til pynt

Kørselsvejledning :

a) Pisk æggehviderne i en røreskål med en gaffel eller piskeris, indtil de er skummende og de strammere klumper af æggehvide er skummende. Rør 2 spsk majsstivelse og 2 tsk lys soja sammen, indtil det er godt blandet. Vend kyllingen i og mariner i 10 minutter.

b) Hæld olien i wokken; olien skal være omkring 1 til $1\frac{1}{2}$ inches dyb. Bring olien til 375 °F over medium-høj varme. Du kan se, at olien har den rigtige temperatur, når du dypper enden af en træske i olien. Hvis olien bobler og syder omkring den, er olien klar.

c) Brug en hulske eller wokskummer til at løfte kyllingen fra marinaden og ryst det overskydende af. Sænk forsigtigt ned i den varme olie. Steg kyllingen i omgange i 3 til 4 minutter, eller indtil kyllingen er gyldenbrun og sprød på overfladen. Overfør til en tallerken beklædt med køkkenrulle.

d) Hæld alt undtagen 1 spsk olie fra wokken og sæt den over medium-høj varme. Rør olien rundt for at dække bunden af wokken. Smag olien til ved at tilsætte ingefær og en knivspids salt og rød peberflager. Lad ingefær- og peberflagerne syde i olien i cirka 30 sekunder, mens de hvirvles forsigtigt rundt.

e) Tilsæt hvidløg og steg rundt, vend og vend med en wokspatel i 30 sekunder. Rør kyllingebouillonen i, de resterende 2½ tsk lys soja og den resterende 1 spsk majsstivelse. Lad det simre i 4 til 5 minutter, indtil saucen tykner og bliver blank. Tilsæt sesamolie og rør for at kombinere.

f) Sluk for varmen og tilsæt den stegte kylling, og vend den over med saucen. Fjern ingefæren og kassér. Overfør til et fad og pynt med skåret spidskål og sesamfrø.

36.   Sød-og-sur kylling

Ingredienser :

- 2 tsk majsstivelse og 2 spsk vand
- 3 spiseskefulde vegetabilsk olie, delt
- 4 skrællede friske ingefærskiver
- ¾ pund udbenet, skindfri kyllingelår, skåret i mundrette
- ½ rød peberfrugt, skåret i ½-tommers stykker
- ½ grøn peberfrugt, skåret i ½-tommers stykker
- ½ gult løg, skåret i ½-tommers stykker
- 1 (8-ounce) dåse ananas bidder, drænet, juice reserveret
- 1 (4-ounce) dåse skåret vandkastanjer, drænet
- ¼ kop lavnatrium kyllingebouillon
- 2 spsk lys brun farin
- 2 spsk æblecidereddike
- 2 spsk ketchup
- 1 tsk Worcestershire sauce

- 3 spidskål skåret i tynde skiver til pynt

Kørselsvejledning :

a) I en lille skål røres majsstivelse og vand sammen og stilles til side.

b) Varm en wok op over medium-høj varme, indtil en dråbe vand syder og fordamper ved kontakt. Hæld 2 spiseskefulde olie i og vend rundt for at dække bunden af wokken. Smag olien til ved at tilsætte ingefær og et nip salt. Lad ingefæren syde i olien i cirka 30 sekunder, mens du hvirvles forsigtigt rundt.

c) Tilsæt kyllingen og svits mod wokken i 2 til 3 minutter. Vend og smid kyllingen under omrøring i cirka 1 minut mere, eller indtil den ikke længere er lyserød. Overfør til en skål og stil til side.

d) Tilsæt den resterende 1 spiseskefuld olie og hvirvl til belægning. Steg de røde og grønne peberfrugter og løg i 3 til 4 minutter, indtil de er bløde og gennemsigtige. Tilsæt ananas og vandkastanjer og fortsæt med at røre i endnu et minut. Tilsæt grøntsagerne til kyllingen og stil til side.

e) Hæld den reserverede ananasjuice, hønsebouillon, brun farin, eddike, ketchup og Worcestershire-sauce i wokken og bring det i kog. Hold varmen på medium-høj og kog i cirka 4 minutter, indtil væsken er reduceret til det halve.

f) Kom kyllingen og grøntsagerne tilbage i wokken og vend sammen med saucen. Giv majsstivelses-vand-blandingen en hurtig omrøring og tilsæt til wokken. Vend og vend det hele rundt, indtil majsstivelsen begynder at tykne saucen og bliver blank.

g) Kassér ingefæren, kom over på et fad, pynt med spidskål og server varm.

37. Moo Goo Gai Pan

Ingredienser :

- 1 spsk lys sojasovs
- 1 spsk Shaoxing risvin
- 2 tsk sesamolie
- ¾ pund udbenet, skindfri kyllingebryst, skåret i skiver
- ½ kop lavnatrium kyllingebouillon
- 2 spsk østerssauce
- 1 tsk sukker
- 1 spsk majsstivelse
- 3 spiseskefulde vegetabilsk olie, delt
- 4 skrællede friske ingefærskiver
- 4 ounces friske knapsvampe, i tynde skiver
- 1 (4-ounce) dåse skåret bambusskud, drænet
- 1 (4-ounce) dåse skåret vandkastanjer, drænet
- 1 fed hvidløg, finthakket

Kørselsvejledning :

a) I en stor skål piskes let soja, risvin og sesamolie sammen, indtil det er glat. Tilsæt kyllingen og vend til belægning. Mariner i 15 minutter.

b) I en lille skål piskes kyllingebouillon, østerssauce, sukker og majsstivelse sammen, indtil det er glat og stillet til side.

c) Varm en wok op over medium-høj varme, indtil en dråbe vand syder og fordamper ved kontakt. Hæld 2 spiseskefulde vegetabilsk olie i og hvirvl rundt for at dække bunden af wokken. Smag olien til ved at tilsætte ingefær og et lille nip salt. Lad ingefæren syde i olien i cirka 30 sekunder, mens du hvirvles forsigtigt rundt.

d) Tilsæt kyllingen og kassér marinaden. Steg i 2 til 3 minutter, indtil kyllingen ikke længere er lyserød. Overfør til en ren skål og stil til side.

e) Tilsæt den resterende 1 spiseskefuld vegetabilsk olie. Steg svampene i 3 til 4 minutter, vend og vend hurtigt. Så snart svampene er blevet tørre, stop med at røre stegningen og lad svampene sidde mod den varme wok i cirka et minut.

f) Tilsæt bambusskud, vandkastanjer og hvidløg. Steg i 1 minut, eller indtil hvidløget dufter. Kom kyllingen tilbage i wokken og vend den sammen.

g) Rør saucen sammen og tilsæt wokken. Steg og kog indtil saucen begynder at koge, cirka 45 sekunder. Bliv ved med at kaste og vende, indtil saucen tykner og bliver blank. Fjern ingefæren og kassér.

38. Egg Foo Yong

Ingredienser :

- 5 store æg, ved stuetemperatur
- Kosher salt
- Kværnet hvid peber
- ½ kop tynde skiver shiitakesvampehatte
- ½ kop frosne ærter, optøet
- 2 spidskål, hakket
- 2 tsk sesamolie
- ½ kop lavnatrium kyllingebouillon
- 1½ spsk østerssauce
- 1 spsk Shaoxing risvin
- ½ tsk sukker
- 2 spsk lys sojasovs
- 1 spsk majsstivelse
- 3 spiseskefulde vegetabilsk olie
- Kogte ris, til servering

Kørselsvejledning :

a) I en stor skål piskes æggene med en knivspids salt og hvid peber. Rør svampe, ærter, spidskål og sesamolie i. Sæt til side.

b) Lav saucen ved at simre kyllingebouillon, østerssauce, risvin og sukker i en lille gryde ved middel varme. I et lille glasmålebæger piskes let soja og majsstivelse, indtil majsstivelsen er helt opløst. Hæld majsstivelsesblandingen i saucen, mens du pisker konstant, og kog i 3 til 4 minutter, indtil saucen bliver tyk nok til at dække bagsiden af skeen. Dæk til og sæt til side.

c) Varm en wok op over medium-høj varme, indtil en dråbe vand syder og fordamper ved kontakt. Hæld den vegetabilske olie i og hvirvl den rundt for at dække bunden af wokken. Tilsæt æggeblandingen og kog, hvirv og ryst wokken, indtil bunden er gylden. Skub omeletten ud af gryden på en tallerken og vend den over wokken eller vend med en spatel for at stege den anden side, indtil den er gylden. Skub omeletten ud på et serveringsfad og server over kogte ris med en skefuld sauce.

39. Tomatæg omrøres

Ingredienser :

- 4 store æg, ved stuetemperatur
- 1 tsk Shaoxing risvin
- ½ tsk sesamolie
- ½ tsk kosher salt
- Friskkværnet sort peber
- 3 spiseskefulde vegetabilsk olie, delt
- 2 skrællede friske ingefærskiver, hver på størrelse med en kvart
- 1-pund drue- eller cherrytomater
- 1 tsk sukker
- Kogte ris eller nudler, til servering

Kørselsvejledning :

a) I en stor skål piskes æggene. Tilsæt risvin, sesamolie, salt og et nip peber og fortsæt med at piske, indtil det lige er blandet.

b) Varm en wok op over medium-høj varme, indtil en dråbe vand syder og fordamper ved kontakt. Hæld 2 spiseskefulde vegetabilsk olie i og hvirvl rundt for at dække bunden af wokken. Rør æggeblandingen i den varme wok. Rør rundt og ryst æggene for at koge. Overfør æggene til en tallerken, når de lige er kogt, men ikke tørre. Telt med folie for at holde varmen.

c) Tilføj den resterende 1 spiseskefuld vegetabilsk olie til wokken. Smag olien til ved at tilsætte ingefær og et nip salt. Lad ingefæren syde i olien i cirka 30 sekunder, mens du hvirvles forsigtigt rundt.

d) Smid tomater og sukker i under omrøring for at dække med olien. Dæk til og kog i cirka 5 minutter under omrøring af og til, indtil tomaterne er bløde og har frigivet deres saft. Kassér ingefærskiverne og krydr tomaterne med salt og peber.

e) Hæld tomaterne over æggene, og server over kogte ris eller nudler.

40.   Rejer og røræg

Ingredienser :

- 2 spsk kosher salt, plus mere til krydderier
- 2 spsk sukker
- 2 kopper koldt vand
- 6 ounces mellemstore rejer (U41-50), pillede og deveirede
- 4 store æg, ved stuetemperatur
- ½ tsk sesamolie
- Friskkværnet sort peber
- 2 spsk vegetabilsk olie, delt
- 2 skrællede friske ingefærskiver, hver på størrelse med en kvart
- 2 fed hvidløg, skåret i tynde skiver
- 1 bundt purløg skåret i ½-tommers stykker

Kørselsvejledning :

a) Pisk salt og sukker i vandet i en stor skål, indtil de er opløst. Tilsæt rejerne til saltlagen. Dæk til og stil på køl i 10 minutter.

b) Dræn rejerne i et dørslag og skyl. Kassér saltlagen. Fordel rejerne ud på en bageplade beklædt med køkkenrulle og dup dem tørre.

c) I en anden stor skål piskes æggene med sesamolie og en knivspids salt og peber, indtil de er kombineret. Sæt til side.

d) Varm en wok op over medium-høj varme, indtil en dråbe vand syder og fordamper ved kontakt. Hæld 1 spiseskefuld vegetabilsk olie i, og hvirvl rundt for at dække bunden af wokken. Smag olien til ved at tilsætte ingefær og et nip salt. Lad ingefæren syde i olien i cirka 30 sekunder, mens du hvirvles forsigtigt rundt.

e) Tilsæt hvidløg og steg kort for at smage olien, cirka 10 sekunder. Lad ikke hvidløget brune eller brænde på. Tilsæt rejerne og steg i cirka 2 minutter, indtil de bliver lyserøde. Overfør til en tallerken og kassér ingefæren.

f) Sæt wokken tilbage på varmen og tilsæt den resterende 1 spsk vegetabilsk olie. Når olien er varm, røres æggeblandingen i wokken. Rør rundt og ryst æggene for at koge. Tilsæt purløg til gryden og fortsæt med at koge, indtil æggene er kogte, men ikke tørre. Kom rejerne tilbage i gryden og vend dem sammen. Overfør til en serveringsfad.

41. Velsmagende dampet æggecreme

Ingredienser :

- 4 store æg, ved stuetemperatur
- 1¾ dl hønsebouillon med lavt natriumindhold eller filtreret vand
- 2 tsk Shaoxing risvin
- ½ tsk kosher salt
- 2 spidskål, kun grøn del, skåret i tynde skiver
- 4 tsk sesamolie

Kørselsvejledning :

a) I en stor skål piskes æggene. Tilsæt bouillon og risvin og pisk for at kombinere. Si æggeblandingen gennem en finmasket sigte sat over et væskemålebæger for at fjerne luftbobler. Hæld æggeblandingen i 4 (6-ounce) ramekins. Med en skrællekniv sprøjtes eventuelle bobler på overfladen af æggeblandingen. Dæk ramekins med aluminiumsfolie.

b) Skyl en bambus-damperkurv og dens låg under koldt vand og læg den i wokken. Hæld 2 tommer vand i, eller indtil det kommer over bunden af dampkogeren med $\frac{1}{4}$ til $\frac{1}{2}$ tomme, men ikke så meget, at det rører ved bunden af kurven. Læg ramekins i dampkogerkurven. Dæk med låg.

c) Bring vandet i kog, og reducer derefter varmen til et lavt kogepunkt. Damp ved svag varme i cirka 10 minutter eller indtil æggene netop er sat.

d) Fjern forsigtigt ramekins fra dampkogeren og pynt hver creme med lidt spidskål og et par dråber sesamolie. Server straks.

42. Kinesisk takeaway stegte kyllingevinger

Ingredienser :

- 10 hele kyllingevinger, vasket og dup tørre
- 1/8 tsk sort peber
- 1/4 tsk hvid peber
- ¼ tsk hvidløgspulver
- 1 tsk salt
- ½ tsk sukker
- 1 spsk sojasovs
- 1 spsk Shaoxing vin
- 1 tsk sesamolie
- 1 æg
- 1 spsk majsstivelse
- 2 spsk mel
- olie, til stegning

Kørselsvejledning :

a) Kom alle ingredienserne (undtagen fritureolien, selvfølgelig) i en stor røreskål. Bland det hele, indtil vingerne er godt dækket.
b) Lad vingerne marinere i 2 timer ved stuetemperatur eller i køleskabet natten over for det bedste resultat.
c) Efter marinering, hvis det ser ud til, at der er væske i vingerne, skal du sørge for at blande dem grundigt igen. Vingerne skal være godt belagt med en tynd dejlignende belægning. Hvis det stadig ser for vandet ud, tilsæt lidt mere majsstivelse og mel.

d) Fyld en mellemstor gryde omkring 2/3 af vejen op med olie, og opvarm den til 325 grader F.
e) Steg vingerne i små portioner i 5 minutter og tag dem ud på en bageplade beklædt med køkkenrulle. Når alle vingerne er stegt, returnerer du dem i portioner til olien og steger igen i 3 minutter.
f) Afdryp på køkkenrulle eller en rist, og server med varm sauce!

43. Thai basilikum kylling

SERVER 4

Ingredienser :

- 3 til 4 spsk olie
- 3 thailandske fugle- eller hollandske chilier
- 3 skalotteløg, skåret i tynde skiver
- 5 fed hvidløg, skåret i skiver
- 1-pund stødt kylling
- 2 tsk sukker eller honning
- 2 spsk sojasovs
- 1 spsk fiskesauce
- ⅓ kop lavt natrium kyllingebouillon eller vand
- 1 bundt hellig basilikum eller thaibasilikumblade

Kørselsvejledning :

a) Tilsæt olie, chili, skalotteløg og hvidløg i en wok ved høj varme, og steg i 1-2 minutter.
b) Tilsæt den malede kylling og steg i 2 minutter, og del kyllingen i små stykker.
c) Tilsæt sukker, sojasauce og fiskesauce. Steg i endnu et minut og afglasur panden med bouillon.

Fordi din pande er over høj varme, bør væsken koge af meget hurtigt.
d) Tilsæt basilikum, og steg, indtil det er visnet.
e) Server over ris.

OKSE, SVINE OG LAMME

44. Braiseret svinemave

Ingredienser :

- 3 /4 lb. mager svinemave, hud-på
- 2 spsk olie
- 1 spsk sukker (stensukker foretrækkes, hvis du har det)
- 3 spsk Shaoxing vin
- 1 spsk almindelig sojasovs
- ½ spsk mørk sojasovs
- 2 kopper vand

Kørselsvejledning :

a) Start med at skære din svinemave i 3/4-tommer tykke stykker.
b) Bring en gryde med vand i kog. Blancher svinekødsstykkerne i et par minutter. Dette fjerner urenheder og starter madlavningsprocessen. Tag svinekødet op af gryden, skyl og sæt det til side.
c) Tilsæt olie og sukker til din wok ved lav varme. Smelt sukkeret lidt og tilsæt svinekødet. Hæv varmen til medium og steg indtil svinekødet er let brunet.

d) Skru ned for varmen igen til lav og tilsæt Shaoxing madlavningsvin, almindelig sojasovs, mørk sojasovs og vand.
e) Læg låg på og lad det simre i ca. 45 minutter til 1 time, indtil svinekødet er mørt. Hvert 5.-10. minut skal du røre for at forhindre brænding og tilføje mere vand, hvis det bliver for tørt.
f) Når svinekødet er gaffelmørt, hvis der stadig er meget synlig væske, afdækkes wokken, skrues op for varmen, og der røres konstant, indtil saucen er reduceret til en glinsende belægning.

45. **Steg tomat og oksekød**

Ingredienser :

- ¾ pund flanke- eller skørtbøf, skåret mod kornet i ¼ tomme tykke skiver
- 1½ spsk majsstivelse, delt
- 1 spsk Shaoxing risvin
- Kosher salt
- Kværnet hvid peber
- 1 spsk tomatpure
- 2 spsk lys sojasovs
- 1 tsk sesamolie
- 1 tsk sukker
- 2 spsk vand
- 2 spiseskefulde vegetabilsk olie
- 4 skrællede friske ingefærskiver, hver på størrelse med en kvart
- 1 stor skalotteløg, skåret i tynde skiver
- 2 fed hvidløg, finthakket

- 5 store tomater, hver skåret i 6 skiver
- 2 spidskål, hvide og grønne dele adskilt, skåret i tynde skiver

Kørselsvejledning :

a) I en lille skål blandes oksekødet med 1 spsk majsstivelse, risvin og en lille knivspids salt og hvid peber. Stil til side i 10 minutter.

b) I en anden lille skål røres den resterende ½ spiseskefuld majsstivelse, tomatpasta, lys soja, sesamolie, sukker og vand sammen. Sæt til side.

c) Varm en wok op over medium-høj varme, indtil en dråbe vand syder og fordamper ved kontakt. Hæld den vegetabilske olie i og hvirvl den rundt for at dække bunden af wokken. Smag olien til ved at tilsætte ingefær og et nip salt. Lad ingefæren syde i olien i cirka 30 sekunder, mens du hvirvles forsigtigt rundt.

d) Overfør oksekødet til wokken og steg i 3 til 4 minutter, indtil det ikke længere er lyserødt. Tilsæt skalotteløg og hvidløg og steg i 1 minut. Tilsæt tomater og spidskålshvider og fortsæt med at røre.

e) Rør saucen i, og fortsæt med at omrøre i 1 til 2 minutter, eller indtil oksekødet og tomaterne er dækket, og saucen er tyknet lidt.

f) Kassér ingefæren, kom over på et fad og pynt med spidskålsløg. Serveres varm.

46. Oksekød og broccoli

Ingredienser :

- ¾ pund skørtebøf, skåret på tværs af kornet i ¼ tomme tykke skiver
- 1 spsk bagepulver
- 1 spsk majsstivelse
- 4 spsk vand, delt
- 2 spsk østerssauce
- 2 spsk Shaoxing risvin
- 2 tsk lys brun farin
- 1 spsk hoisinsauce
- 2 spiseskefulde vegetabilsk olie
- 4 skrællede friske ingefærskiver, cirka på størrelse med en kvart
- Kosher salt
- 1 pund broccoli, skåret i mundrette buketter
- 2 fed hvidløg, finthakket

Kørselsvejledning :

a) I en lille skål blandes oksekødet og bagepulveret sammen til belægning. Stil til side i 10 minutter. Skyl oksekødet ekstremt godt og dup det derefter tørt med køkkenrulle.

b) I en anden lille skål rører du majsstivelsen med 2 spsk vand og blander østerssauce, risvin, brun farin og hoisinsauce i. Sæt til side.

c) Varm en wok op over medium-høj varme, indtil en dråbe vand syder og fordamper ved kontakt. Hæld olien i og hvirvl rundt for at dække bunden af wokken. Smag olien til ved at tilsætte ingefær og et nip salt. Lad ingefæren syde i olien i cirka 30 sekunder, mens du hvirvles forsigtigt rundt. Tilføj oksekødet til wokken og steg i 3 til 4 minutter, indtil det ikke længere er lyserødt. Overfør oksekødet til en skål og stil det til side.

d) Tilsæt broccoli og hvidløg og steg i 1 minut, og tilsæt derefter de resterende 2 spsk vand. Dæk wokken og damp broccolien i 6 til 8 minutter, indtil den er sprød-mør.

e) Kom oksekødet tilbage i wokken og rør saucen i 2 til 3 minutter, indtil den er helt dækket og saucen er tyknet lidt. Kassér ingefæren, kom over på et fad og server varm.

47.   Sort Peber Oksekød Stir-Fry

Ingredienser :

- 1 spsk østerssauce
- 1 spsk Shaoxing risvin
- 2 tsk majsstivelse
- 2 tsk lys sojasovs
- Kværnet hvid peber
- $\frac{1}{4}$ tsk sukker
- $\frac{3}{4}$ pund oksemørbradspidser eller mørbradspidser, skåret i 1-tommers stykker
- 3 spiseskefulde vegetabilsk olie
- 3 skrællede friske ingefærskiver, hver på størrelse med en kvart
- Kosher salt
- 1 grøn peberfrugt, skåret i $\frac{1}{2}$ tomme brede strimler
- 1 lille rødløg, skåret i tynde skiver
- 1 tsk friskkværnet sort peber, eller mere efter smag

- 2 tsk sesamolie

Kørselsvejledning :

a) I en røreskål røres østerssauce, risvin, majsstivelse, lys soja, en knivspids hvid peber og sukker sammen. Smid oksekødet til belægning og mariner i 10 minutter.

b) Varm en wok op over medium-høj varme, indtil en dråbe vand syder og fordamper ved kontakt. Hæld den vegetabilske olie i og hvirvl den rundt for at dække bunden af wokken. Tilsæt ingefær og en knivspids salt. Lad ingefæren syde i olien i cirka 30 sekunder, mens du hvirvles forsigtigt rundt.

c) Brug en tang til at overføre oksekødet til wokken og kassere den resterende marinade. Svits mod wokken i 1 til 2 minutter, eller indtil der udvikles en brun, sveden skorpe. Vend oksekødet og svits det på den anden side, yderligere 2 minutter mere. Steg, vend og vend i wokken i yderligere 1 til 2 minutter, og overfør derefter oksekødet til en ren skål.

d) Tilsæt peberfrugt og løg og steg i 2 til 3 minutter, eller indtil grøntsagerne ser skinnende og møre ud.

Kom oksekødet tilbage i wokken, tilsæt sort peber og steg sammen i 1 minut mere.

e) Kassér ingefæren, kom over på et fad og dryp sesamolien ovenpå. Serveres varm.

48. Sesam oksekød

Ingredienser :

- 1 spsk lys sojasovs
- 2 spsk sesamolie, delt
- 2 tsk majsstivelse, delt
- 1 pund bøjle, nederdel eller fladjernsbøf, skåret i ¼ tomme tykke strimler
- ½ kop friskpresset appelsinjuice
- ½ tsk riseddike
- 1 tsk sriracha (valgfrit)
- 1 tsk lys brun farin
- Kosher salt
- Friskkværnet sort peber
- 3 spiseskefulde vegetabilsk olie, delt
- 4 skrællede friske ingefærskiver, hver på størrelse med en kvart
- 1 lille gult løg, skåret i tynde skiver
- 3 fed hvidløg, hakket

- ½ spsk hvide sesamfrø, til pynt

Kørselsvejledning :

a) I en stor skål røres den lyse soja, 1 spsk sesamolie og 1 tsk majsstivelse sammen, indtil majsstivelsen er opløst. Tilsæt oksekødet og vend det i marinaden. Stil til side for at marinere i 10 minutter, mens du forbereder saucen.

b) I et glasmålebæger røres appelsinjuice sammen, resterende 1 spsk sesamolie, riseddike, sriracha (hvis du bruger), brun farin, resterende 1 teskefuld majsstivelse og en knivspids salt og peber. Rør til majsstivelsen er opløst og stil til side.

c) Varm en wok op over medium-høj varme, indtil en dråbe vand syder og fordamper ved kontakt. Hæld 2 spiseskefulde vegetabilsk olie i og hvirvl rundt for at dække bunden af wokken. Smag olien til ved at tilsætte ingefær og et nip salt. Lad ingefæren syde i olien i cirka 30 sekunder, mens du hvirvles forsigtigt rundt.

d) Brug en tang til at overføre oksekødet til wokken og kassere marinaden. Lad stykkerne svitse i wokken i 2 til 3 minutter. Vend for at svitse på den anden side i yderligere 1 til 2 minutter. Steg hurtigt ved at smide og vende rundt i wokken i 1 minut mere. Overfør til en ren skål.

e) Tilsæt den resterende 1 spiseskefuld vegetabilsk olie og smid løget i. Steg hurtigt, vend og vend løget med en wok-spatel i 2 til 3 minutter, indtil løget ser gennemsigtigt ud, men stadig er fast i konsistensen. Tilsæt hvidløg og steg i yderligere 30 sekunder.

f) Rør saucen i og fortsæt med at koge, indtil saucen begynder at tykne. Kom oksekødet tilbage i wokken, vend og vend, så oksekødet og løget er belagt med sauce. Smag til med salt og peber.

g) Overfør til et fad, kassér ingefæren, drys med sesamfrø og server varm.

49. **Mongolsk oksekød**

Ingredienser :

- 2 spsk Shaoxing risvin
- 1 spsk mørk sojasovs
- 1 spsk majsstivelse, delt
- $\frac{3}{4}$ pund flankebøf, skåret mod kornet i $\frac{1}{4}$ tomme tykke skiver
- $\frac{1}{4}$ kop lavnatrium kyllingebouillon
- 1 spsk lys brun farin
- 1 kop vegetabilsk olie
- 4 eller 5 hele tørrede røde kinesiske chilier
- 4 fed hvidløg, groft hakket
- 1 tsk skrællet finthakket frisk ingefær
- $\frac{1}{2}$ gult løg, skåret i tynde skiver
- 2 spsk grofthakket frisk koriander

Kørselsvejledning :

a) I en røreskål røres risvinen, mørk soja og 1 spsk majsstivelse sammen. Tilsæt den skårne flankebøf og vend til belægning. Stil til side og mariner i 10 minutter.

b) Hæld olien i en wok og bring den til 375 ° F over medium-høj varme. Du kan se, at olien har den rigtige temperatur, når du dypper enden af en træske i olien. Hvis olien bobler og syder omkring den, er olien klar.

c) Løft oksekødet fra marinaden, behold marinaden. Tilsæt oksekødet til olien og steg i 2 til 3 minutter, indtil det udvikler en gylden skorpe. Brug en wok-skummer, overfør oksekødet til en ren skål og sæt det til side. Tilsæt hønsebouillon og brun farin til marinadeskålen og rør rundt.

d) Hæld alt undtagen 1 spsk olie fra wokken og sæt den over medium-høj varme. Tilsæt chilipeber, hvidløg og ingefær. Lad aromaterne suse i olien i cirka 10 sekunder, mens du hvirvler forsigtigt rundt.

e) Tilsæt løget og steg i 1 til 2 minutter, eller indtil løget er blødt og gennemsigtigt. Tilsæt kyllingebouillonblandingen og rør rundt for at kombinere. Lad det simre i cirka 2 minutter, tilsæt derefter oksekødet og vend det hele sammen i yderligere 30 sekunder.

f) Overfør til et fad, pynt med koriander, og server varmt.

50. Sichuan oksekød med selleri og gulerødder

Ingredienser :

- 2 spsk Shaoxing risvin
- 1 spsk mørk sojasovs
- 2 tsk sesamolie
- ¾ pund flanke- eller skørtbøf, skåret mod kornet
- 1 spsk hoisinsauce
- 2 tsk lys sojasovs
- 2 spsk majsstivelse, delt
- ¼ teskefuld kinesisk fem krydderi pulver
- 1 tsk Sichuan peberkorn, knust
- 4 skrællede friske ingefærskiver
- 3 fed hvidløg, let knust
- 2 selleri stilke, julienned til 3-tommer strimler
- 1 stor gulerod, skrællet og skåret i 3-tommer strimler
- 2 spidskål, skåret i tynde skiver

Kørselsvejledning :

a) I en røreskål røres risvin, mørk soja og sesamolie sammen.

b) Tilsæt oksekødet og vend det sammen. Stil til side i 10 minutter.

c) I en lille skål kombineres hoisinsauce, lys soja, vand, 1 spiseskefuld majsstivelse og fem krydderier. Sæt til side.

d) Varm en wok op over medium-høj varme, indtil en dråbe vand syder og fordamper ved kontakt. Hæld den vegetabilske olie i og hvirvl den rundt for at dække bunden af wokken. Krydr olien ved at tilføje peberkorn, ingefær og hvidløg. Lad aromaterne suse i olien i cirka 10 sekunder, mens du hvirvler forsigtigt rundt.

e) Smid oksekødet i den resterende 1 spiseskefuld majsstivelse til belægning, og tilsæt til wokken. Svits oksekødet mod siden af wokken i 1 til 2 minutter, eller indtil der udvikles en gyldenbrun, sveden skorpe. Vend og svits på den anden side i endnu et minut. Vend og vend i cirka 2 minutter mere, indtil oksekødet ikke længere er lyserødt.

f) Flyt oksekødet til siderne af wokken og tilsæt selleri og gulerod til midten. Steg, vend og vend, indtil grøntsagerne er møre, yderligere 2 til 3 minutter. Rør hoisinsauceblandingen og hæld i wokken. Fortsæt med at røre, og belæg oksekødet og grøntsagerne med saucen i 1 til 2 minutter, indtil saucen begynder at tykne og bliver blank. Fjern ingefær og hvidløg og kassér.

51. Hoisin Beef Salatkopper

Ingredienser :

- ¾ pund hakket oksekød
- 2 tsk majsstivelse
- Kosher salt
- Friskkværnet sort peber
- 3 spiseskefulde vegetabilsk olie, delt
- 1 spsk skrællet finthakket ingefær
- 2 fed hvidløg, finthakket
- 1 gulerod, skrællet og skåret i julien
- 1 (4-ounce) dåse vandkastanjer i tern, drænet og skyllet
- 2 spsk hoisinsauce
- 3 spidskål, hvide og grønne dele adskilt, skåret i tynde skiver
- 8 brede iceberg (eller Bibb) salatblade, trimmet til pæne runde kopper

Kørselsvejledning :

a) I en skål drysses oksekødet med majsstivelse og en knivspids salt og peber. Bland godt for at kombinere.

b) Opvarm en wok over medium-høj varme, indtil en perle vand syder og fordamper ved kontakt. Hæld 2 spiseskefulde olie i og vend rundt for at dække bunden af wokken. Tilsæt oksekødet og brun det på begge sider, vend og vend det, del oksekødet i smuldrer og klumper i 3 til 4 minutter, indtil oksekødet ikke længere er lyserødt. Overfør oksekødet til en ren skål og stil til side.

c) Tør wokken ren og sæt den tilbage på medium varme. Tilsæt den resterende 1 spsk olie og steg hurtigt ingefær og hvidløg med en knivspids salt. Så snart hvidløget er duftende, smid gulerod og vandkastanjer i i 2 til 3 minutter, indtil guleroden bliver mør. Sænk varmen til medium, kom oksekødet tilbage i wokken, og vend med hoisinsauce og spidskålshviderne. Rør for at kombinere, ca. yderligere 45 sekunder.

d) Fordel salatbladene, 2 pr tallerken, og fordel oksekødsblandingen jævnt mellem salatbladene.

Pynt med spidskålsløg og spis som du ville en blød taco.

52. Stegte svinekoteletter med løg

Ingredienser :

- 4 udbenede koteletter af svinekam
- 1 spsk Shaoxing vin
- ½ tsk friskkværnet sort peber
- Kosher salt
- 3 kopper vegetabilsk olie
- 2 spsk majsstivelse
- 3 skrællede friske ingefærskiver, hver på størrelse med en kvart
- 1 mellemstor gult løg, skåret i tynde skiver
- 2 fed hvidløg, finthakket
- 2 spsk lys sojasovs
- 1 tsk mørk sojasovs
- ½ tsk rødvinseddike
- Sukker

Kørselsvejledning :

a) Slå svinekoteletterne med en kødhammer, indtil de er ½ tomme tykke. Kom i en skål og smag til med risvin, peber og en lille knivspids salt. Mariner i 10 minutter.

b) Hæld olien i wokken; olien skal være omkring 1 til 1½ inches dyb. Bring olien til 375 ° F over medium-høj varme. Du kan se, at olien har den rigtige temperatur, når du dypper enden af en træske i olien. Hvis olien bobler og syder omkring den, er olien klar.

c) Arbejd i 2 omgange, beklæd koteletterne med majsstivelsen. Sænk dem forsigtigt en ad gangen ned i olien og steg i 5 til 6 minutter, indtil de er gyldne. Overfør til en tallerken beklædt med køkkenrulle.

d) Hæld alt undtagen 1 spsk olie fra wokken og sæt den over medium-høj varme. Smag olien til ved at tilsætte ingefær og et nip salt. Lad ingefæren syde i olien i cirka 30 sekunder, mens du hvirvles forsigtigt rundt.

e) Steg løget i cirka 4 minutter, indtil det er gennemsigtigt og blødt. Tilsæt hvidløg og steg i yderligere 30 sekunder, eller indtil dufter. Overfør til tallerkenen med svinekoteletterne.

f) Hæld den lyse soja, mørk soja, rødvinseddike og en knivspids sukker i wokken, og rør rundt. Bring i kog og kom løg og svinekoteletter tilbage i wokken. Rør for at kombinere, da saucen begynder at tykne lidt. Fjern ingefæren og kassér. Overfør til et fad og server straks.

53. Fem krydderier svinekød med Bok Choy

Ingredienser :

- 1 spsk lys sojasovs
- 1 spsk Shaoxing risvin
- 1 tsk kinesisk fem krydderipulver
- 1 tsk majsstivelse
- ½ tsk lys brun farin
- ¾ pund hakket svinekød
- 2 spiseskefulde vegetabilsk olie
- 2 fed hvidløg, pillede og lidt knust
- Kosher salt
- 2 til 3 hoveder bok choy, skåret på tværs i mundrette stykker
- 1 gulerod, skrællet og skåret i julien
- Kogte ris, til servering

Kørselsvejledning :

a) I en røreskål røres den lette soja, risvin, pulver med fem krydderier, majsstivelse og brun farin sammen. Tilsæt svinekød og bland forsigtigt for at kombinere. Stil til side til marinering i 10 minutter.

b) Varm en wok op over medium-høj varme, indtil en dråbe vand syder og fordamper ved kontakt. Hæld olien i og hvirvl rundt for at dække bunden af wokken. Krydr olien ved at tilsætte hvidløg og en knivspids salt. Lad hvidløget syde i olien i cirka 10 sekunder, mens du hvirvler forsigtigt rundt.

c) Tilsæt svinekød til wokken og lad det svitse mod wokkens vægge i 1 til 2 minutter, eller indtil en gylden skorpe udvikler sig. Vend og svits på den anden side i endnu et minut. Vend og vend for at røre-steg svinekødet i 1 til 2 minutter mere, del det op i smuldrer og klumper, indtil det ikke længere er lyserødt.

d) Tilsæt bok choy og gulerod og vend og vend for at kombinere med svinekødet. Fortsæt med at stege i 2 til 3 minutter, indtil gulerod og bok choy er møre. Overfør til et fad og server varm med dampede ris.

54.   Hoisin svinekød rørt

Ingredienser :

- 2 tsk Shaoxing risvin
- 2 tsk lys sojasovs
- ½ tsk chilipasta
- ¾ pund udbenet svinekam, skåret i tynde skiver i julienne strimler
- 2 spiseskefulde vegetabilsk olie
- 4 skrællede friske ingefærskiver, hver på størrelse med en kvart
- Kosher salt
- 4 ounce sneærter, skåret i tynde skiver på diagonalen
- 2 spsk hoisinsauce
- 1 spsk vand

Kørselsvejledning :

a) I en skål røres risvin, lys soja og chilipasta sammen. Tilsæt svinekødet og vend det til pels. Stil til side til marinering i 10 minutter.

b) Varm en wok op over medium-høj varme, indtil en dråbe vand syder og fordamper ved kontakt. Hæld olien i og hvirvl rundt for at dække bunden af wokken. Smag olien til ved at tilsætte ingefær og et nip salt. Lad ingefæren syde i olien i cirka 30 sekunder, mens du hvirvles forsigtigt rundt.

c) Tilsæt svinekød og marinade og steg i 2 til 3 minutter, indtil det ikke længere er lyserødt. Tilsæt snecerterne og steg i ca. 1 minut, indtil de er møre og gennemsigtige. Rør hoisinsauce og vand i for at løsne saucen. Fortsæt med at kaste og vende i 30 sekunder, eller indtil saucen er gennemvarmet og svinekød og snecerter er belagt.

d) Overfør til et fad og server varmt.

55. To gange tilberedt svinemave

Ingredienser :

- 1-pund udbenet svinemave
- ⅓ kop sort bønnesauce eller sort bønnesauce, der er købt i butikken
- 1 spsk Shaoxing risvin
- 1 tsk mørk sojasovs
- ½ tsk sukker
- 2 spsk vegetabilsk olie, delt
- 4 skrællede friske ingefærskiver
- Kosher salt
- 1 porre, halveret på langs og skåret på diagonalen
- ½ rød peberfrugt, skåret i skiver

Kørselsvejledning :

a) Læg svinekødet i en stor gryde og dæk det med vand. Bring gryden i kog og reducer derefter til en simre. Lad det simre uden låg i 30 minutter, eller indtil svinekødet er mørt og gennemstegt. Brug en hulske til at overføre svinekødet til en skål (kassér kogevæsken) og lad det køle af.

b) Stil på køl i flere timer eller natten over. Når svinekødet er afkølet, skæres det i tynde skiver i $\frac{1}{4}$ tomme tykke skiver og lægges til side. Lader du svinekødet køle helt af, inden det skæres i skiver, bliver det lettere at skære i tynde skiver.

c) I et glasmålebæger røres den sorte bønnesauce, risvin, mørk soja og sukker sammen og sættes til side.

d) Varm en wok op over medium-høj varme, indtil en dråbe vand syder og fordamper ved kontakt. Hæld 1 spiseskefuld olie i, og drej rundt for at dække bunden af wokken. Smag olien til ved at tilsætte ingefær og et nip salt. Lad ingefæren syde i olien i cirka 30 sekunder, mens du hvirvles forsigtigt rundt.

e) Arbejd i partier, overfør halvdelen af svinekødet til wokken. Lad stykkerne svitse i wokken i 2 til 3 minutter. Vend for at svitse på den anden side i yderligere 1 til 2 minutter mere, indtil svinekødet begynder at krølle. Overfør til en ren skål. Gentag med det resterende svinekød.

f) Tilsæt de resterende 1 spsk olie. Tilsæt porre og rød peber og rør rundt i 1 minut, til porren er blød. Rør saucen i og steg til den dufter. Kom svinekødet tilbage i gryden og fortsæt med at røre i 2 til 3 minutter mere, indtil det hele lige er gennemstegt. Kassér ingefærskiverne og kom dem over på et serveringsfad.

56. Mu Shu svinekød med stegepandekager

Ingredienser :

Til pandekagerne

- 1¾ kopper universalmel
- ¾ kop kogende vand
- Kosher salt
- 3 spsk sesamolie

Til mu shu svinekød

- 2 spsk lys sojasovs
- 1 tsk majsstivelse
- 1 tsk Shaoxing risvin
- Kværnet hvid peber
- ¾ pund udbenet svinekam, skåret mod kornet
- 3 spiseskefulde vegetabilsk olie
- 2 tsk skrællet finthakket frisk ingefær
- 1 stor gulerod, skrællet og fint skåret i 3-tommers længder

- 6 til 8 friske øresvampe, skåret i julienne strimler
- ½ lille hoved grønkål, strimlet
- 2 spidskål, skåret i ½ tomme længder
- 1 (4-ounce) dåse skåret bambusskud, drænet og julienned
- ¼ kop blommesauce, til servering

Kørselsvejledning :

At lave pandekagerne

a) I en stor skål røres mel, kogende vand og en knivspids salt sammen med en træske. Bland det hele sammen, indtil det bliver en pjusket dej. Overfør dejen til et meldrysset skærebræt og ælt i hånden i cirka 4 minutter, eller indtil glat. Dejen bliver varm, så brug engangshandsker for at beskytte dine hænder. Kom dejen tilbage i skålen og dæk med plastfolie. Lad hvile i 30 minutter.

b) Form dejen til en 12-tommer lang træstamme ved at rulle den ud med hænderne. Skær bjælken i 12 lige stykker, og behold den runde form for at skabe medaljoner. Flad medaljonerne ud med håndfladerne og pensl toppene med sesamolie. Tryk de olierede sider sammen for at skabe 6 stakke af fordoblede dejstykker.

c) Rul hver stak til et tyndt, rundt ark, 7 til 8 tommer i diameter. Det er bedst at blive ved med at vende pandekagen, mens du ruller, for at opnå en jævn tyndhed på begge sider.

d) Varm en støbejernsgryde op over middelhøj varme og steg pandekagerne en ad gangen i cirka 1 minut på den første side, indtil de bliver let gennemsigtige og begynder at blive blærer. Vend for at stege den anden side, yderligere 30 sekunder. Læg pandekagen over på en tallerken beklædt med et køkkenrulle og træk forsigtigt de to pandekager fra hinanden.

At lave mu shu svinekød

e) I en røreskål blandes den lette soja, majsstivelse, risvin og en knivspids hvid peber. Tilsæt det snittede svinekød og vend til belægning og mariner i 10 minutter.

f) Varm en wok op over medium-høj varme, indtil en dråbe vand syder og fordamper ved kontakt. Hæld den vegetabilske olie i og hvirvl den rundt for at dække bunden af wokken. Smag olien til ved at tilsætte ingefær og et nip salt. Lad ingefæren syde i olien i cirka 10 sekunder, mens du hvirvles forsigtigt rundt.

g) Tilsæt svinekødet og steg 1 til 2 minutter, indtil det ikke længere er lyserødt. Tilsæt gulerod og champignon og fortsæt med at røre i 2 minutter mere, eller indtil guleroden er mør. Tilsæt kål, spidskål og bambusskud og steg i yderligere et minut, eller indtil de er gennemvarme. Overfør til en skål og server ved at hælde svinekødsfyldet i midten af en pandekage og toppe med blommesauce.

57. Svinekød Spareribs med sorte bønnesauce

Ingredienser :

- 1-pund svinekød spareribs, skåret på tværs i 1½-tommer brede strimler
- ¼ tsk malet hvid peber
- 2 spsk sort bønnesauce eller sort bønnesauce, der er købt i butikken
- 1 spsk Shaoxing risvin
- 1 spiseskefuld vegetabilsk olie
- 2 tsk majsstivelse
- ½-tommer frisk ingefær, skrællet og finthakket
- 2 fed hvidløg, finthakket
- 1 tsk sesamolie
- 2 spidskål, skåret i tynde skiver

Kørselsvejledning :

a) Skær mellem ribbenene for at adskille dem i mundrette ribben. Kombiner ribbenene og hvid peber i en lav, varmefast skål. Tilsæt den sorte bønnesauce, risvin, vegetabilsk olie, majsstivelse, ingefær og hvidløg og vend for at kombinere, og sørg for, at riblets alle er belagte. Mariner i 10 minutter.

b) Skyl en bambus-damperkurv og dens låg under koldt vand og læg den i wokken. Hæld 2 tommer vand i, eller indtil det kommer over bunden af dampkogeren med omkring $\frac{1}{4}$ til $\frac{1}{2}$ tomme, men ikke så meget, at det rører ved bunden af kurven. Placer skålen med ribbenene i dampkogeren og dæk den.

c) Skru varmen til høj for at koge vandet, og sænk derefter varmen til medium-høj. Damp over medium-høj varme i 20 til 22 minutter, eller indtil riblets ikke længere er lyserøde. Det kan være, at du skal fylde vandet op, så hold øje med, at det ikke koger tørt i wokken.

d) Fjern forsigtigt skålen fra dampkogerkurven. Dryp ribbenene med sesamolie og pynt med spidskål. Server straks.

58.   Omrørt mongolsk lam

Ingredienser :

- 2 spsk Shaoxing risvin
- 1 spsk mørk sojasovs
- 3 fed hvidløg, hakket
- 2 tsk majsstivelse
- 1 tsk sesamolie
- 1 pund udbenet lammelår, skåret i $\frac{1}{4}$ tomme tykke skiver
- 3 spiseskefulde vegetabilsk olie, delt
- 4 skrællede friske ingefærskiver, hver på størrelse med en kvart
- 2 hele tørrede røde chilipeber (valgfrit)
- Kosher salt
- 4 spidskål skåret i 3-tommer lange stykker og derefter skåret i tynde skiver på langs

Kørselsvejledning :

a) I en stor skål røres risvin, mørk soja, hvidløg, majsstivelse og sesamolie sammen. Tilsæt lammet til marinaden og vend til pels. Mariner i 10 minutter.

b) Varm en wok op over medium-høj varme, indtil en dråbe vand syder og fordamper ved kontakt. Hæld 2 spiseskefulde vegetabilsk olie i og hvirvl rundt for at dække bunden af wokken. Smag olien til ved at tilføje ingefær, chili (hvis du bruger) og en knivspids salt. Lad aromaterne at syde i olien i cirka 30 sekunder, mens du hvirvles forsigtigt.

c) Brug en tang til at løfte halvdelen af lammet fra marinaden, ryst let for at lade det overskydende dryppe af. Reserver marinaden. Steg i wokken i 2 til 3 minutter. Vend for at svitse på den anden side i yderligere 1 til 2 minutter. Steg hurtigt ved at smide og vende rundt i wokken i 1 minut mere. Overfør til en ren skål. Tilsæt den resterende 1 spiseskefuld vegetabilsk olie og gentag med det resterende lam.

d) Kom alt lammet og den reserverede marinade tilbage i wokken og smid spidskålen i. Steg i yderligere 1 minut, eller indtil lammet er gennemstegt og marinaden bliver til en skinnende sauce.

e) Overfør til et serveringsfad, kassér ingefæren og server varm.

59. Spidskommen-krydret lam

Ingredienser :

- ¾ pund udbenet lammelår, skåret i 1-tommers stykker
- 1 spsk lys sojasovs
- 1 spsk Shaoxing risvin
- Kosher salt
- 2 spsk stødt spidskommen
- 1 tsk Sichuan peberkorn, knust
- ½ tsk sukker
- 3 spiseskefulde vegetabilsk olie, delt
- 4 skrællede friske ingefærskiver, hver på størrelse med en kvart
- 2 spsk majsstivelse
- ½ gult løg, skåret på langs i strimler
- 6 til 8 hele tørrede kinesiske chilipeber (valgfrit)
- 4 fed hvidløg, skåret i tynde skiver
- ½ bundt frisk koriander, groft hakket

Kørselsvejledning :

a) Kombiner lam, let soja, risvin og en lille knivspids salt i en røreskål. Kast til belægning og mariner i 15 minutter, eller natten over i køleskabet.

b) I en anden skål røres spidskommen, Sichuan-peberkorn og sukker sammen. Sæt til side.

c) Varm en wok op over medium-høj varme, indtil en dråbe vand syder og fordamper ved kontakt. Hæld 2 spiseskefulde olie i og vend rundt for at dække bunden af wokken. Smag olien til ved at tilsætte ingefær og et nip salt. Lad ingefæren syde i olien i cirka 30 sekunder, mens du hvirvles forsigtigt rundt.

d) Vend lammestykkerne med majsstivelsen og tilsæt til den varme wok. Steg lammet i 2 til 3 minutter på hver side, og steg derefter i 1 eller 2 minutter mere, vend og vend rundt i wokken. Overfør lammet til en ren skål og stil til side.

e) Tilsæt den resterende 1 spiseskefuld olie og drej rundt for at belægge wokken. Smid løg og chilipeber (hvis du bruger det) i og steg i 3 til 4 minutter, eller indtil løget begynder at se skinnende ud, men ikke slapt. Krydr let med et lille nip salt. Kom hvidløgs- og krydderiblandingen i og steg videre i endnu et minut.

f) Kom lammet tilbage i wokken og vend for at kombinere i 1 til 2 minutter mere. Overfør til et fad, kassér ingefæren og pynt med koriander.

60.   Lam med ingefær og porrer

Ingredienser :

- ¾ pund udbenet lammelår, skåret i 3 stykker og derefter skåret i tynde skiver på tværs af kornet
- Kosher salt
- 2 spsk Shaoxing risvin
- 1 spsk mørk sojasovs
- 1 spsk lys sojasovs
- 1 tsk østerssauce
- 1 tsk honning
- 1 til 2 teskefulde sesamolie
- ½ tsk malede Sichuan-peberkorn
- 2 tsk majsstivelse
- 2 spiseskefulde vegetabilsk olie
- 1 spsk skrællet og finthakket frisk ingefær
- 2 porrer, trimmet og skåret i tynde skiver
- 4 fed hvidløg, finthakket

Kørselsvejledning :

a) Krydr lammet let med 1 til 2 knivspids salt i en røreskål. Kast til belægning og stil til side i 10 minutter. I en lille skål røres risvin, mørk soja, lys soja, østerssauce, honning, sesamolie, Sichuan-peber og majsstivelse sammen. Sæt til side.

b) Varm en wok op over medium-høj varme, indtil en dråbe vand syder og fordamper ved kontakt. Hæld den vegetabilske olie i og hvirvl den rundt for at dække bunden af wokken. Smag olien til ved at tilsætte ingefær og et nip salt. Lad ingefæren syde i olien i cirka 10 sekunder, mens du hvirvles forsigtigt rundt.

c) Tilsæt lammet og svits i 1 til 2 minutter, og begynd derefter at røre-stege, vende og vende i 2 minutter mere, eller indtil det ikke længere er lyserødt. Overfør til en ren skål og stil til side.

d) Tilsæt porrer og hvidløg og steg i 1 til 2 minutter, eller indtil porrerne er lysegrønne og bløde. Overfør til lammeskålen.

e) Hæld sauceblandingen i og lad det simre i 3 til 4 minutter, indtil saucen reduceres til det halve og bliver blank. Kom lammekødet og grøntsagerne tilbage i wokken og vend det sammen med saucen.

f) Overfør til et fad og server varmt.

61. Thai basilikum oksekød

Ingredienser :

- 2 spsk olie
- 12 oz. oksekød, skåret i tynde skiver mod kornet
- 5 fed hvidløg, hakket
- ½ af en rød peberfrugt, skåret i tynde skiver
- 1 lille løg, skåret i tynde skiver
- 2 tsk sojasovs
- 1 tsk mørk sojasovs
- 1 tsk østerssauce
- 1 spsk fiskesauce
- ½ tsk sukker
- 1 kop thailandske basilikumblade, pakket
- Koriander, til pynt

Kørselsvejledning :

a) Varm din wok op ved høj varme, og tilsæt olien. Steg oksekødet, indtil det lige er brunet. Tag op af wokken og stil til side.
b) Tilsæt hvidløg og rød peber i wokken og steg i ca. 20 sekunder.
c) Tilsæt løgene og steg til de er brune og let karamelliserede.
d) Smid oksekødet tilbage sammen med sojasovsen, mørk sojasauce, østerssauce, fiskesauce og sukker.

e) Steg i yderligere et par sekunder, og vend derefter thaibasilikum i, indtil den lige er visnet.
f) Server med jasminris, og pynt med koriander.

62.   Kinesisk BBQ svinekød

SERVER 8

Ingredienser :

- 3 pund (1,4 kg) svinekød/svinekød (vælg en udskæring med noget godt fedtstof på)
- ¼ kop (50 g) sukker
- 2 tsk salt
- ½ tsk fem krydderier pulver
- ¼ tsk hvid peber
- ½ tsk sesamolie
- 1 spsk Shaoxing vin el
- kinesisk blommevin
- 1 spsk sojasovs
- 1 spsk hoisinsauce
- 2 tsk melasse
- 3 fed finthakket hvidløg
- 2 spsk maltose eller honning
- 1 spsk varmt vand

Kørselsvejledning :

a) Skær svinekødet i lange strimler eller bidder på cirka 3 centimeter tykke. Skær ikke overskydende fedt af, da det vil afsmelte og tilføje smag.

b) Kombiner sukker, salt, fem krydderipulver, hvid peber, sesamolie, vin, sojasauce, hoisinsauce, melasse, madfarve (hvis du bruger) og hvidløg i en skål for at lave marinaden.

c) Reserver omkring 2 spsk marinade og sæt den til side. Gnid svinekødet med resten af marinaden i en stor skål eller ovnfast fad. Dæk til og stil på køl natten over, eller mindst 8 timer. Dæk til og opbevar også den reserverede marinade i køleskabet.

d) Forvarm din ovn til den højeste indstilling (475-550 grader F eller 250-290 grader C) med en rist placeret i den øverste tredjedel af ovnen. Beklæd en plade med folie og læg en metalrist ovenpå. Læg svinekødet på risten, så der er så meget plads som muligt mellem stykkerne. Hæld 1 ½ dl vand i gryden under stativet. Dette forhindrer eventuelle dryp i at brænde eller ryge.

e) Overfør svinekødet til din forvarmede ovn og steg i 25 minutter. Vend svinekødet efter 25 minutter. Hvis bunden af gryden er tør, tilsæt endnu en kop vand. Vend panden 180 grader for at sikre en jævn stegning. Steg yderligere 15 minutter.

f) Kombiner i mellemtiden den reserverede marinade med maltose eller honning og 1 spsk varmt vand. Dette vil være den sauce, du vil bruge til at dryppe svinekødet.

g) Efter 40 minutters samlet stegetid, rist svinekødet, vend det og rist også den anden side. Steg i de sidste 10 minutter.

h) Efter 50 minutters samlet stegetid skal svinekødet være gennemstegt og karamelliseret på toppen. Hvis det ikke er karamelliseret efter din smag, kan du tænde for slagtekyllingen i et par minutter for at sprøde ydersiden og tilføje lidt farve/smag.

63. Dampede BBQ svinekødsboller

GØR 10 BOLLER

Ingredienser :

Til den dampede bolledej:

- 1 tsk aktiv tørgær
- ¾ kop varmt vand
- 2 kopper universalmel
- 1 kop majsstivelse
- 5 spsk sukker
- ¼ kop raps eller vegetabilsk olie
- 2½ tsk bagepulver

Til fyldet:

- 1 spsk olie
- ⅓ kop finthakket skalotteløg eller rødløg
- 1 spsk sukker
- 1 spsk lys sojasovs
- 1½ spsk østerssauce
- 2 tsk sesamolie
- 2 tsk mørk sojasovs

- ½ kop hønsefond
- 2 spsk universalmel
- 1½ kopper kinesisk flæskesteg i tern

Kørselsvejledning :

a) Opløs 1 tsk aktiv tørgær i 3/4 kop varmt vand i skålen med en elektrisk røremaskine udstyret med en dejkrog (du kan også bruge en almindelig røreskål og ælte i hånden). Sigt mel og majsstivelse sammen, og tilsæt det til gærblandingen sammen med sukker og olie.

b) Tænd for røremaskinen på den laveste indstilling og lad det gå, indtil der er dannet en glat dejkugle. Dæk til med et fugtigt klæde og lad det hvile i 2 timer. (Du tilføjer bagepulveret senere!)

c) Mens dejen hviler laves kødfyldet. Opvarm 1 spsk olie i en wok ved medium høj varme. Tilsæt skalotteløg/løg og steg i 1 minut. Skru ned for varmen til middel-lav, og tilsæt sukker, lys sojasauce, østerssauce, sesamolie og mørk sojasauce. Rør og kog indtil blandingen begynder at boble op. Tilsæt hønsefond og mel, kog i 3 minutter, indtil det er tyknet. Tag fra varmen og rør flæskesteg i. Stil til side til afkøling. Hvis du laver fyldet i forvejen, skal du dække det til og stille det på køl for at forhindre det i at tørre ud.

d) Når din dej har hvilet i 2 timer, tilsæt bagepulveret til dejen og tænd for røremaskinen til den laveste indstilling. På dette tidspunkt, hvis dejen ser tør ud, eller du har problemer med at inkorporere bagepulveret, tilsæt 1-2 teskefulde vand. Ælt forsigtigt dejen til den bliver glat igen. Dæk til med et fugtigt klæde og lad det hvile i yderligere 15 minutter. I mellemtiden får du et stort stykke bagepapir og skærer det i ti 4x4 tommer firkanter. Forbered din damper ved at bringe vandet i kog.

e) Nu er vi klar til at samle bollerne: rul dejen til et langt rør og del den i 10 lige store stykker. Tryk hvert stykke dej ud i en skive på ca. $4\frac{1}{2}$ tommer i diameter (den skal være tykkere i midten og tyndere langs kanterne). Tilsæt lidt fyld og læg bollerne, indtil de er lukket ovenpå.

f) Læg hver bolle på en bagepapirsfirkant, og damp. Jeg dampede bollerne i to separate partier ved hjælp af en bambusdampet.

g) Når vandet koger, læg bollerne i dampkogeren og damp hver batch i 12 minutter ved høj varme.

64. Kantonesisk flæskesteg

SERVERING 6-8

Ingredienser :

- 3 lb. plade af svinekød, skind på
- 2 tsk Shaoxing vin
- 2 tsk salt
- 1 tsk sukker
- ½ tsk fem krydderier pulver
- ¼ tsk hvid peber
- 1½ tsk risvinseddike
- ½ kop groft havsalt

Kørselsvejledning :

a) Skyl svinekødet og dup det tørt. Læg den med skindsiden nedad på en bakke, og gnid Shaoxing-vinen ind i kødet (ikke skindet). Bland salt, sukker,

b) fem krydderier pulver og hvid peber. Gnid også denne krydderiblanding grundigt ind i kødet. Vend kødet, så det vender med skindsiden opad.

c) Så for at gøre det næste trin er der faktisk et specielt værktøj, som restauranter bruger, men vi brugte bare et skarpt metalspyd. Prik systematisk huller over hele huden, hvilket vil hjælpe huden med at blive sprød i stedet for at forblive glat og læderagtig. Jo flere huller der er, jo bedre. Sørg også for, at de går dybt nok. Stop lige over fedtlaget nedenunder.

d) Lad flæskesværen tørre ud i køleskabet utildækket, i 12-24 timer.

e) Forvarm ovnen til 375 grader F. Placer et stort stykke aluminiumsfolie (heavy duty folie fungerer bedst) på en bageplade, og fold siderne omkring svinekødet tæt op, så du skaber en slags kasse rundt om det , med en 1-tommer høj kant, der går rundt om siderne.

f) Pensl risvinseddiken oven på svineskindet. Pak havsaltet i ét jævnt lag over skindet, så svinekødet er helt dækket. Sæt i ovnen og steg i 1 time og 30 minutter. Hvis din flæskesvær stadig har ribben påsat, steges den i 1 time og 45 minutter.

g) Tag svinekødet ud af ovnen, tænd for slagtekyllingen til lav, og placer ovnristen i den laveste position. Fjern det øverste lag havsalt fra flæskesværet, fold folien ud og læg en stegerist på panden. Læg svinekødet på risten, og sæt det tilbage under slagtekyllingen for at blive sprødt. Dette bør tage 10-15 minutter. Slagtekyllingen bør ideelt set være på "lav", så denne proces kan ske gradvist. Hvis din slagtekylling bliver ret varm, så hold godt øje med den og sørg for at holde svinekødet så langt væk fra varmekilden som muligt.

h) Når skindet er hævet op og blevet sprødt, tages det ud af ovnen. Lad det hvile i cirka 15 minutter. Skær og server!

SUPPER, RIS OG NUDLER

65. Kokos karry nudelsuppe

Ingredienser :
- 2 spsk olie
- 3 fed hvidløg, hakket
- 1 spsk frisk ingefær, revet
- 3 spsk thai rød karrypasta
- 8 oz. udbenet kyllingebryst eller lår, skåret i skiver
- 4 kopper hønsebouillon
- 1 kop vand
- 2 spsk fiskesauce
- ⅔ kop kokosmælk
- 6 oz. tørrede ris vermicelli nudler
- 1 lime, presset

Kørselsvejledning :
a) Rødløg i skiver, rød chili, koriander, spidskål til pynt
b) Tilsæt olie, hvidløg, ingefær og thai-rød karrypasta i en stor gryde over medium varme. Steg i 5 minutter, indtil dufter.
c) Tilsæt kyllingen og steg i et par minutter, lige indtil kyllingen bliver uigennemsigtig.
d) Tilsæt hønsebouillon, vand, fiskesauce og kokosmælk. Bring i kog.
e) På dette tidspunkt smages bouillonen til for salt og tilpas krydderierne i overensstemmelse hermed.

f) Hæld den kogende suppe over de tørrede vermicelli nudler i dine serveringsskåle, tilsæt et skvæt limesaft og din pynt, og server. Nudlerne er klar til at spise om et par minutter.

66. Krydret oksekød nudelsuppe

Ingredienser :
- 16 kopper koldt vand
- 6 skiver ingefær
- 3 spidskål, vasket og skåret i halve
- ¼ kop Shaoxing vin
- 3 lbs. oksekød, skåret i 1½ tomme stykker
- 3 spsk olie
- 1 til 2 spsk Sichuan peberkorn
- 2 hvidløgshoveder, pillede
- 1 stort løg, skåret i stykker
- 5-stjernet anis
- 4 laurbærblade
- ¼ kop krydret bønnepasta
- 1 stor tomat, skåret i små stykker
- ½ kop lys sojasovs
- 1 spsk sukker
- 1 stort stykke tørret mandarinskal
- friske eller tørrede hvede nudler efter eget valg
- Hakket spidskål og koriander, til pynt

Kørselsvejledning :
a) Varm olien op i en anden gryde eller stor wok ved middel lav varme, og tilsæt Sichuan-peberkorn, hvidløgsfed, løg, stjerneanis og laurbærblade. Kog indtil hvidløgsfed og løgstykker begynder at blive bløde (ca. 5 - 10 minutter). Rør den krydrede bønnepasta i.
b) Tilsæt derefter tomaterne og kog i to minutter. Rør til sidst den lyse sojasovs og sukker i. Sluk for varmen.

c) Lad os nu øse oksekød, ingefær og spidskål ud fra den 1. gryde og overføre dem til den 2. gryde. Hæld derefter bouillonen i gennem en finmasket si. Stil gryden over høj varme, og tilsæt mandarinskrællen. Dæk til og bring suppen i kog. Skru med det samme varmen ned til et simre, og kog i 60-90 minutter.
d) Sluk for varmen efter kogning, men hold låget på, og lad gryden stå på komfuret (med varmen slukket) i endnu en hel time for at lade smagene smelte sammen. Din suppebase er færdig. Husk at bringe suppebunden i kog igen inden servering.

67. Æggedråbe suppe

Ingredienser :
- 4 kopper økologisk hønsefond eller hjemmelavet hønsefond
- $\frac{1}{2}$ tsk sesamolie
- $\frac{1}{2}$ tsk salt
- Knip sukker
- Knib hvid peber
- 5 dråber gul madfarve
- $\frac{1}{4}$ kop majsstivelse blandet med $\frac{1}{2}$ kop vand
- 3 æg, let pisket
- 1 spidskål, hakket

Kørselsvejledning :
a) Bring hønsefonden i kog i en mellemstor suppegryde. Rør sesamolie, salt, sukker og hvid peber i.
b) Tilsæt derefter majsstivelsesopslæmningen
c) Lad suppen simre i et par minutter, og tjek derefter om konsistensen er til din smag.
d) Hæld suppen i en skål, top med hakket spidskål, dryp lidt sesamolie over toppen, og server!

68.   Simpel wonton suppe

Ingredienser :
- 10 oz. baby bok choy eller lignende grøn grøntsag
- 1 kop hakket svinekød
- 2½ spsk sesamolie
- Knib hvid peber
- 1 spsk krydret sojasovs
- ½ tsk salt
- 1 spsk Shaoxing vin
- 1 pakke wontonskind
- 6 kopper god hønsefond
- 1 spsk sesamolie
- Hvid peber og salt efter smag
- 1 spidskål, hakket

Kørselsvejledning :

a) Start med at vaske grøntsagerne grundigt. Bring en stor gryde vand i kog og blancher grøntsagerne, indtil de er visne. Dræn og skyl i koldt vand. Snup en god klump grøntsager og pres forsigtigt så meget vand ud, som du kan. Hak grøntsagerne meget fint (du kan også fremskynde processen ved at smide dem i foodprocessoren).

b) Tilsæt de finthakkede grøntsager, hakket svinekød, sesamolie, hvid peber, sojasovs, salt og Shaoxing-vin i en mellemstor skål. Bland meget grundigt, indtil blandingen er fuldstændig emulgeret - næsten som en pasta.

c) Nu er det tid til at samle! Fyld en lille skål med vand. Grib en indpakning og brug din finger til at fugte kanterne af indpakningen. Tilsæt lidt over en teskefuld fyld i midten. Fold omslaget på midten og pres de to sider sammen, så du får en fast forsegling.

d) Hold de to nederste hjørner af det lille rektangel, du lige har lavet, og bring de to hjørner sammen. Du kan bruge en smule vand for at sikre, at de sidder fast. Og det er det! Bliv ved med at samle indtil alt fyldet er væk. Læg wontonsene på en bageplade eller plade beklædt med bagepapir for at forhindre at de klæber.

e) På dette tidspunkt kan du dække wontons med plastfolie, lægge bagepladen/pladen i fryseren og overføre dem til Ziploc-poser, når de er frosne. De holder sig et par måneder i fryseren og er klar til wonton-suppe, når du vil have det.

f) For at lave suppen skal du varme din hønsefond op til en simre og tilsætte sesamolie, hvid peber og salt.

g) Bring en separat gryde med vand i kog. Tilsæt forsigtigt wontons en ad gangen i gryden. Rør rundt for at forhindre wontons i at klæbe til bunden. Hvis de sidder fast, skal du ikke bekymre dig, de skal komme fri, når de er kogte. De er færdige, når de flyder. Pas på ikke at overkoge dem.

h) Fjern wontons med en hulske og kom dem i skåle. Hæld suppen over wontons og pynt med hakket spidskål. Tjene!

69. Æggedråbe suppe

Ingredienser :

- 4 kopper lav-natrium kylling bouillon
- 2 skrællede friske ingefærskiver
- 2 fed hvidløg, pillede
- 2 tsk lys sojasovs
- 2 spsk majsstivelse
- 3 spsk vand
- 2 store æg, let pisket
- 1 tsk sesamolie
- 2 spidskål skåret i tynde skiver til pynt

Kørselsvejledning :

a) Kombiner bouillon, ingefær, hvidløg og lys soja i en wok- eller suppegryde og bring det i kog. Skru ned til kog og kog i 5 minutter. Fjern og kassér ingefær og hvidløg.

b) Bland majsstivelse og vand i en lille skål og rør blandingen i wokken.

c) Reducer varmen til en simre. Dyp en gaffel i de sammenpiskede æg og træk den derefter gennem suppen, mens du rører forsigtigt. Svits suppen uforstyrret i et par øjeblikke for at sætte æggene. Rør sesamolien i og hæld suppen i serveringsskåle. Pynt med spidskålen.

70. **Æggestegte ris**

Ingredienser :

- 5 kopper kogte ris
- 5 store æg (delt)
- 2 spsk vand
- ¼ tsk paprika
- ¼ tsk gurkemeje
- 3 spsk olie (delt)
- 1 mellemstor løg, finthakket
- ½ rød peberfrugt, finthakket
- ½ kop frosne ærter, optøet
- 1½ tsk salt
- ¼ tsk sukker
- ¼ tsk sort peber
- 2 spidskål, hakket

Kørselsvejledning :
a) Brug en gaffel til at lufte risene og bryde dem fra hinanden. Hvis du bruger friskkogte ris, så lad dem stå på disken uden låg, indtil de holder op med at dampe, før du fluffer den.
b) Pisk 3 æg i en skål. Pisk de andre 2 æg i en anden skål sammen med 2 spsk vand, paprika og gurkemeje. Stil disse to skåle til side.
c) Varm en wok op over medium høj varme, og tilsæt 2 spsk olie. Tilsæt de 3 sammenpiskede æg (uden krydderierne), og rør dem. Tag dem op af wokken og stil dem til side.
d) Varm wok op ved høj varme, og tilsæt den sidste spiseskefuld olie. Tilsæt hakket løg og peberfrugt. Steg under omrøring i 1-2 minutter. Tilsæt derefter risene og steg i 2 minutter ved at bruge en øsebevægelse for at opvarme risene ensartet. Brug din wok-spatel til at flade ud og bryde eventuelle risklumper op.
e) Hæld derefter den resterende ukogte æg- og krydderiblanding over risene og steg i ca. 1 minut, indtil alle riskornene er belagt med æg.
f) Tilsæt ærterne og steg kontinuerligt i yderligere et minut. Fordel derefter salt, sukker og sort peber over risene og bland. Du skulle nu kunne se,

at der kommer lidt damp fra risen, hvilket betyder, at den er gennemvarmet.

71. Klassisk svinestegt ris

Ingredienser :
- 1 spsk varmt vand
- 1 tsk honning
- 1 tsk sesamolie
- 1 tsk Shaoxing vin
- 1 spsk sojasovs
- 1 tsk mørk sojasovs
- ¼ tsk hvid peber
- 5 kopper kogte hvide ris
- 1 spsk olie
- 1 mellemstor løg, skåret i tern
- 1 pund kinesisk BBQ svinekød, skåret i stykker
- 2 æg, rørte
- ½ kop mung bønnespirer
- 2 spidskål, hakket

Kørselsvejledning :
a) Start med at kombinere det varme vand, honning, sesamolie, Shaoxing-vin, sojasauce, mørk sojasauce og hvid peber i en lille skål.
b) Tag dine kogte ris og fnug dem med en gaffel eller med hænderne.
c) Med wokken over medium varme, tilsæt en spiseskefuld olie og sauter løgene, indtil de er gennemsigtige. Rør flæskesteg i. Tilsæt risene og

bland godt. Tilsæt sauceblandingen og salt, og bland med en øsebevægelse, indtil risene er jævnt belagt med sauce.

d) Smid dine æg, mung bønnespirer og spidskål i. Bland grundigt i endnu et minut eller to og server!

72. Berusede nudler

Ingredienser :

Til kyllingen og marinaden:
- 2 spsk vand
- 12 ounce skiveskåret kyllingelår eller kyllingebryst
- 1 tsk sojasovs
- 1 tsk olie
- 2 tsk majsstivelse

Til resten af retten:
- 8 ounce brede tørrede risnudler, kogte
- $1\frac{1}{2}$ tsk brun farin, opløst i 1 spsk varmt vand
- 2 tsk sojasovs
- 1 tsk mørk sojasovs
- 1 spsk fiskesauce
- 2 tsk østerssauce
- knivspids kværnet hvid peber
- 3 spsk vegetabilsk eller rapsolie (delt)
- 3 fed hvidløg, skåret i skiver
- $\frac{1}{4}$ tsk frisk revet ingefær
- 2 skalotteløg, skåret i skiver (ca. ⅓ kopper)
- 1 spidskål, skåret i 3-tommers stykker
- 4 thailandske røde chilipeber, fritstillet og udskåret
- 1 kop løst pakket hellig basilikum eller thaibasilikum
- 5 til 6 stykker babymajs, delt i to (valgfrit)
- 2 tsk Shaoxing vin

Kørselsvejledning :
a) Arbejd de 2 spsk vand ind i den skivede kylling med hænderne, indtil kyllingen absorberer væsken. Tilsæt sojasovs, olie, majsstivelse og bland indtil kyllingen er jævnt belagt. Stil til side i 20 minutter.
b) Rør den opløste farinblanding, sojasauce, fiskesauce, østerssauce og hvid peber sammen i en lille skål og stil til side.
c) Varm din wok op, indtil den er tæt på at ryge, og fordel 2 spsk olie rundt om wokkens omkreds. Tilsæt kyllingen og lad den stege i 1 minut på hver side, indtil den er omkring 90 % gennemstegt. Tag op af wokken og stil til side. Hvis varmen var høj nok, og du stegte kødet korrekt, skulle din wok stadig være ren, uden at der klæber noget til det. Hvis ikke, kan du vaske wokken for at forhindre, at risnudlerne klistrer.
d) Fortsæt med wokken ved høj varme og tilsæt 1 spsk olie sammen med hvidløg og revet ingefær.
e) Tilsæt skalotteløg efter et par sekunder. Steg i 20 sekunder og tilsæt spidskål, chilipeber, basilikum, babymajs og Shaoxing-vin. Steg i yderligere 20 sekunder og tilsæt risnudlerne. Brug en øsende bevægelse til at blande alt i endnu et minut, indtil nudlerne varmer op.

f) Tilsæt derefter den tilberedte sauceblanding og steg ved højeste varme i ca. 1 minut, indtil nudlerne er ensartede i farven. Sørg for at bruge din metalspatel til at skrabe bunden af wokken for at undgå at klæbe.
g) Tilsæt den stegte kylling og steg i yderligere 1 til 2 minutter. Tjene!

73. Sichuan og nudler

Ingredienser :
Til **chiliolien:**
- 2 spsk Sichuan peberkorn
- 1-tommer langt stykke kanel
- 2-stjernet anis
- 1 kop olie
- ¼ kop knuste røde peberflager

Til **kødet og sui mi ya cai:**
- 3 tsk olie (delt)
- 8 oz. hakket svinekød
- 2 tsk sød bønnesauce eller hoisinsauce
- 2 tsk shaoxing vin
- 1 tsk mørk sojasovs
- ½ tsk fem krydderier pulver
- ⅓ kop sui mi ya cai

Til **saucen:**
- 2 spsk sesampasta (tahini)
- 3 spsk sojasovs
- 2 tsk sukker
- ¼ tsk fem krydderier pulver
- ½ tsk Sichuan peberkornspulver
- ½ kop af din forberedte chiliolie
- 2 fed hvidløg, meget fint hakket
- ¼ kop varmt kogevand fra nudlerne

Til **nudlerne og grøntsagerne:**

- 1 lb. friske eller tørrede hvide nudler, medium tykkelse
- 1 lille bundt bladgrønt (spinat, bok choy eller choy sum)

At samle:
- hakkede jordnødder (valgfrit)
- hakket spidskål

Kørselsvejledning :

a) For at lave kødblandingen: I en wok, opvarm en teskefuld olie over medium varme, og brun det hakkede svinekød. Tilsæt den søde bønnesauce, shaoxing-vin, mørk sojasauce og pulver med fem krydderier. Kog indtil al væsken er fordampet. Sæt til side. Varm de andre 2 tsk olie op i wokken ved middel varme, og svits sui mi ya cai (syltede grøntsager) i et par minutter. Sæt til side.

b) Sådan laver du saucen: Bland alle ingredienserne til saucen. Smag til og juster krydderier, hvis du har lyst. Du kan løsne den med mere varmt vand, tilsæt mere Sichuan peberkornspulver .

c) For at tilberede nudlerne og grøntsagerne: Kog nudlerne i henhold til pakkens anvisninger og dræn. Blancher grøntsagerne i nudelvandet, og dræn.

d) Fordel saucen mellem fire skåle, efterfulgt af nudlerne og de grønne blade. Tilføj det kogte svinekød og sui mi ya cai over toppen. Drys med hakkede jordnødder (valgfrit) og spidskål.
e) Bland alt sammen og nyd!

74. Varm-og-sur suppe

Ingredienser :

- 4 ounces udbenet svinekam, skåret i ¼-tommer tykke strimler
- 1 spsk mørk sojasovs
- 4 tørrede shiitakesvampe
- 8 tørrede øresvampe
- 1½ spsk majsstivelse
- ¼ kop ukrydret riseddike
- 2 spsk lys sojasovs
- 2 tsk sukker
- 1 tsk stegt chiliolie
- 1 tsk kværnet hvid peber
- 2 spiseskefulde vegetabilsk olie
- 1 skrællet frisk ingefær skive, cirka på størrelse med en kvart
- Kosher salt
- 4 kopper lav-natrium kylling bouillon

- 4 ounces fast tofu, skyllet og skåret i ¼-tommer strimler

- 1 stort æg, let pisket

- 2 spidskål skåret i tynde skiver til pynt

Kørselsvejledning :

a) I en skål, smid svinekød og mørk soja til belægning. Sæt til side.

b) Læg begge svampe i en varmefast skål og dæk med kogende vand. Udblød svampene, indtil de er bløde, cirka 20 minutter. Hæld ¼ kop af svampevandet i et glasmålebæger og stil til side. Dræn og kassér resten af væsken. Skær shiitakesvampene i tynde skiver og skær øresvampene i mundrette stykker. Kom begge svampe tilbage i udblødningsskålen og stil dem til side.

c) Rør majsstivelsen i den reserverede svampevæske, indtil majsstivelsen er opløst. Rør eddike, lys soja, sukker, chiliolie og hvid peber i, indtil sukkeret er opløst. Sæt til side.

d) Varm en wok op over medium-høj varme, indtil en dråbe vand syder og fordamper ved kontakt. Hæld den vegetabilske olie i og hvirvl den rundt for at dække bunden af wokken. Smag olien til ved at tilsætte ingefær og et nip salt. Lad ingefæren syde i olien i cirka 30 sekunder, mens du hvirvles forsigtigt rundt.

e) Kom svinekødet over i wokken og steg i cirka 3 minutter, indtil svinekødet ikke længere er lyserødt. Fjern ingefæren og kassér. Tilsæt bouillon og bring det i kog. Skru ned til et simre og rør svampene i. Rør tofuen i og lad det simre i 2 minutter. Rør majsstivelsesblandingen i og vend varmen tilbage til medium-høj under omrøring, indtil suppen tykner, cirka 30 sekunder. Reducer varmen til en simre.

f) Dyp en gaffel i det sammenpiskede æg og træk det derefter gennem suppen, mens du forsigtigt rører rundt.

75.   Pork Congee

Ingredienser :

- 10 kopper vand
- ¾ kop jasminris, skyllet og drænet
- 1 tsk kosher salt
- 2 tsk skrællet hakket frisk ingefær
- 2 fed hvidløg, hakket
- 1 spsk let sojasauce, plus mere til servering
- 2 tsk Shaoxing risvin
- 2 tsk majsstivelse
- 6 ounce hakket svinekød
- 2 spiseskefulde vegetabilsk olie
- Syltede kinesiske grøntsager, i tynde skiver, til servering (valgfrit)
- Scallion-Ingefærolie, til servering (valgfrit)
- Stegt chiliolie, til servering (valgfrit)
- Sesamolie, til servering (valgfrit)

Kørselsvejledning :

a) I en tykbundet gryde bringes vandet i kog. Rør ris og salt i og skru ned for varmen. Dæk til og kog under omrøring af og til i ca. 1½ time, indtil risene har fået en blød grødlignende konsistens.

b) Mens congeeen koger, rør i en mellemstor skål ingefær, hvidløg, lys soja, risvin og majsstivelse sammen. Tilsæt svinekødet og lad det marinere i 15 minutter.

c) Varm en wok op over medium-høj varme, indtil en dråbe vand syder og fordamper ved kontakt. Hæld den vegetabilske olie i og hvirvl den rundt for at dække bunden af wokken. Tilsæt svinekødet, og steg kødet rundt og vend det i stykker, ca. 2 minutter.

d) Kog i yderligere 1 til 2 minutter uden at røre for at få lidt karamellisering.

e) Server congeen i suppeskåle toppet med det stegte svinekød. Pynt med dit valgfrie toppings.

76. Stegte ris med rejer, æg og spidskål

Ingredienser :

- 2 spiseskefulde vegetabilsk olie
- Kosher salt
- 1 stort æg, pisket
- ½ pund rejer (alle størrelser), pillede, udhulet og skåret i mundrette stykker
- 1 tsk skrællet finthakket frisk ingefær
- 2 fed hvidløg, finthakket
- ½ kop frosne ærter og gulerødder
- 2 spidskål, skåret i tynde skiver, delt
- 3 kopper kolde kogte ris
- 3 spsk usaltet smør
- 1 spsk lys sojasovs
- 1 spsk sesamolie

Kørselsvejledning :

a) Varm en wok op over medium-høj varme, indtil en dråbe vand syder og fordamper ved kontakt. Hæld den vegetabilske olie i og hvirvl den rundt for at dække bunden af wokken. Krydr olien ved at tilsætte en lille knivspids salt. Tilsæt ægget og rør hurtigt.

b) Skub ægget til siderne af wokken for at skabe en midterring og tilsæt rejer, ingefær og hvidløg sammen. Steg rejerne med en lille knivspids salt i 2 til 3 minutter, indtil de bliver uigennemsigtige og lyserøde. Tilsæt ærter og gulerødder og halvdelen af spidskålen og steg i endnu et minut.

c) Tilsæt risene, bryd eventuelle store klumper, og vend og vend for at kombinere alle ingredienserne. Steg i 1 minut, og skub derefter det hele til siderne af wokken, og efterlad en brønd i bunden af wokken.

d) Tilsæt smør og lys soja, lad smørret smelte og boble, og vend derefter det hele sammen for at dække, cirka 30 sekunder.

e) Fordel de stegte ris i et jævnt lag i wokken og lad risene sidde mod wokken i cirka 2 minutter for at sprøde lidt. Dryp med sesamolie og krydr med endnu et lille nip salt. Overfør til et fad og server straks, pynt med resten af spidskålen.

77.   Røget ørred stegt ris

Ingredienser :

- 2 store æg
- 1 tsk sesamolie
- Kosher salt
- Kværnet hvid peber
- 1 spsk lys sojasovs
- ½ tsk sukker
- 3 spiseskefulde ghee eller vegetabilsk olie, delt
- 1 tsk skrællet finthakket frisk ingefær
- 2 fed hvidløg, finthakket
- 3 kopper kolde kogte ris
- 4 ounce røget ørred, brækket i mundrette stykker
- ½ kop tyndt skåret hjerter af romainesalat
- 2 spidskål, skåret i tynde skiver
- ½ tsk hvide sesamfrø

Kørselsvejledning :

a) I en stor skål piskes æggene med sesamolie og en knivspids salt og hvid peber, indtil de lige er blandet. I en lille skål røres den lyse soja og sukker sammen for at opløse sukkeret. Sæt til side.

b) Varm en wok op over medium-høj varme, indtil en dråbe vand syder og fordamper ved kontakt. Hæld 1 spiseskefuld ghee i, og vend rundt for at dække bunden af wokken. Tilsæt æggeblandingen, og brug en varmefast spatel, hvirvl og ryst æggene for at koge. Overfør æggene til en tallerken, når de lige er kogt, men ikke tørre.

c) Tilsæt de resterende 2 spiseskefulde ghee til wokken sammen med ingefær og hvidløg. Steg hurtigt, indtil hvidløg og ingefær lige bliver aromatiske, men pas på, at de ikke brænder på. Tilsæt ris- og sojablandingen og rør for at kombinere. Fortsæt med at røre stegning, cirka 3 minutter. Tilsæt ørreden og det kogte æg og steg dem i ca. 20 sekunder for at bryde dem op. Tilsæt salat og spidskål og steg til de begge er klare grønne.

d) Overfør til et serveringsfad og drys med sesamfrø.

78.   Spam Fried Rice

Ingredienser :

- 1 spiseskefuld vegetabilsk olie
- 2 skrællede friske ingefærskiver
- Kosher salt
- 1 (12-ounce) dåse Spam, skåret i $\frac{1}{2}$-tommers terninger
- $\frac{1}{2}$ hvidt løg, skåret i $\frac{1}{4}$-tommers terninger
- 2 fed hvidløg, finthakket
- $\frac{1}{2}$ kop frosne ærter og gulerødder
- 2 spidskål, skåret i tynde skiver, delt
- 3 kopper kolde kogte ris
- $\frac{1}{2}$ kop dåse ananas bidder, juice reserveret
- 3 spsk usaltet smør
- 2 spsk lys sojasovs
- 1 tsk sriracha
- 1 tsk lys brun farin
- 1 spsk sesamolie

Kørselsvejledning :

a) Varm en wok op over medium-høj varme, indtil en dråbe vand syder og fordamper ved kontakt. Hæld den vegetabilske olie i og hvirvl den rundt for at dække bunden af wokken. Smag olien til ved at tilsætte ingefær og et lille nip salt. Lad ingefæren syde i olien i cirka 30 sekunder, mens du hvirvles forsigtigt rundt.

b) Tilsæt spam i tern og fordel den jævnt ud over bunden af wokken. Lad spam'en svitse, før du kaster og vender. Fortsæt med at omrøre Spam i 5 til 6 minutter, indtil det bliver gyldent og sprødt på alle sider.

c) Tilsæt løg og hvidløg og steg i cirka 2 minutter, indtil løget begynder at se gennemsigtigt ud. Tilsæt ærter og gulerødder og halvdelen af spidskålen. Steg i et minut mere.

d) Smid ris og ananas i, bryd eventuelle store klumper af ris, og vend og vend for at kombinere alle ingredienserne. Steg i 1 minut, og skub derefter det hele til siderne af wokken, og efterlad en brønd i bunden af wokken.

e) Tilsæt smør, reserveret ananasjuice, lys soja, sriracha og brun farin. Rør for at opløse sukkeret og bring saucen i kog, og kog derefter i cirka et minut for at reducere saucen og tykne den lidt. Kombiner alt til belægning, cirka 30 sekunder.

f) Fordel de stegte ris i et jævnt lag i wokken og lad risene sidde mod wokken for at sprøde lidt, cirka 2 minutter. Fjern ingefæren og kassér. Dryp med sesamolie og krydr med endnu et lille nip salt. Overfør til et fad og pynt med de resterende spidskål. Server straks.

79. Dampet ris med Lap Cheung og Bok Choy

Ingredienser :

- 1½ dl jasminris

- 4 lap cheung (kinesisk pølse) links eller spansk chorizo

- 4 baby bok choy hoveder, hver skåret i 6 skiver

- ¼ kop vegetabilsk olie

- 1 lille skalotteløg, skåret i tynde skiver

- 1-tommer frisk ingefær, skrællet og finthakket

- 1 fed hvidløg, pillet og finthakket

- 2 tsk lys sojasovs

- 1 spsk mørk sojasovs

- 2 tsk Shaoxing risvin

- 1 tsk sesamolie

- Sukker

Kørselsvejledning :

a) I en røreskål skylles og skylles risene 3 eller 4 gange under koldt vand, mens risene skylles rundt i vandet for at skylle eventuel stivelse af. Dæk risene med koldt vand og læg dem i blød i 2 timer. Dræn risene gennem en finmasket sigte.

b) Skyl to bambus-damperkurve og deres låg under koldt vand og læg den ene kurv i wokken. Hæld 2 tommer vand i eller nok til at få vandstanden til at komme over bunden af dampkogeren med $\frac{1}{4}$ til $\frac{1}{2}$ tomme, men ikke så højt, at vandet rører ved bunden af dampkogeren.

c) Beklæd en tallerken med et stykke ostelærred og tilsæt halvdelen af de udblødte ris til tallerkenen. Anret 2 pølser og halvdelen af bok choyen ovenpå, og bind osteklædet løst sammen, så der er plads nok omkring risene, så de kan udvide sig. Læg pladen i dampkogerkurven. Gentag processen med en anden tallerken, mere ostelærred og den resterende pølse og bok choy i den anden dampkogerkurv, og stable den derefter oven på den første og dæk den.

d) Skru varmen til medium-høj og bring vandet i kog. Damp risene i 20 minutter, kontroller vandstanden ofte og tilsæt mere efter behov.

e) Mens risene damper, opvarm den vegetabilske olie i en lille gryde over medium varme, indtil den lige begynder at ryge. Sluk for varmen og tilsæt skalotteløg, ingefær og hvidløg. Rør sammen og tilsæt lys soja, mørk soja, risvin, sesamolie og en knivspids sukker. Stil til side til afkøling.

f) Når risene er klar, løsnes osteklædet forsigtigt og ris og bok choy overføres til et fad. Skær pølserne diagonalt og anret ovenpå risene. Server med ingefær sojaolie ved siden af.

80. Oksekødsnudelsuppe

Ingredienser :

- ¾ pund oksekødspidser, skåret i tynde skiver på tværs af kornet
- 2 teskefulde bagepulver
- 4 spsk Shaoxing risvin, delt
- 4 spsk let sojasovs, delt
- 2 tsk majsstivelse, delt
- 1 tsk sukker
- Friskkværnet sort peber
- 3 spiseskefulde vegetabilsk olie, delt
- 2 teskefulde kinesisk fem krydderi pulver
- 4 skrællede friske ingefærskiver
- 2 fed hvidløg, pillet og knust
- 4 kopper oksebouillon
- ½ pund tørrede kinesiske nudler (enhver type)
- 2 baby bok choy hoveder, i kvarte
- 1 spsk forårsløg-ingefærolie

Kørselsvejledning :

a) I en lille skål, smid oksekødet med natron og lad det sidde i 5 minutter. Skyl oksekødet og dup det tørt med køkkenrulle.

b) I en anden skål, smid oksekødet med risvin, lys soja, majsstivelse, sukker, salt og peber. Mariner.

c) Bland de resterende 3 spiseskefulde risvin, 3 spiseskefulde lys soja og 1 tsk majsstivelse i et glasmålebæger og sæt til side.

d) Varm en wok op over medium-høj varme, indtil en dråbe vand syder og fordamper ved kontakt. Hæld 2 spiseskefulde vegetabilsk olie i og hvirvl rundt for at dække bunden af wokken. Tilsæt oksekød og fem krydderipulver og kog i 3 til 4 minutter, vend af og til, indtil det er let brunet. Overfør oksekødet til en ren skål og stil til side.

e) Tør wokken ren og sæt den tilbage på medium varme. Tilsæt den resterende 1 spiseskefuld vegetabilsk olie og hvirvl for at dække bunden af wokken. Tilsæt ingefær, hvidløg og en knivspids salt for at krydre olien. Lad ingefær og hvidløg syde i olien i cirka 10 sekunder, mens du hvirvles forsigtigt rundt.

f) Hæld sojasovsblandingen i og bring det i kog. Hæld bouillon i og bring det i kog. Skru ned til kogepunktet og kom oksekødet tilbage i wokken. Lad det simre i 10 minutter.

g) Bring imens en stor gryde vand i kog over høj varme. Tilsæt nudlerne og kog efter anvisning på pakken. Brug en wok-skummer, fjern nudlerne og dræn dem. Tilsæt bok choyen til det kogende vand og kog i 2 til 3 minutter, indtil den er lysegrøn og mør. Tag bok choyen ud og kom den i en skål. Brug en tang til at slynge nudlerne med spidskål-ingefærolie til at dække. Fordel nudlerne og bok choyen i suppeskåle.

81. Hvidløgsnudler

Ingredienser :

- ½ pund friske kinesiske ægnudler, kogte
- 2 spsk sesamolie, delt
- 2 spsk lys brun farin
- 2 spsk østerssauce
- 1 spsk lys sojasovs
- ½ tsk kværnet hvid peber
- 6 spsk usaltet smør
- 8 fed hvidløg, finthakket
- 6 spidskål, skåret i tynde skiver

Kørselsvejledning :

a) Dryp nudlerne med 1 spsk sesamolie og vend dem til belægning. Sæt til side.

b) I en lille skål røres brun farin, østerssauce, lys soja og hvid peber sammen. Sæt til side.

c) Varm en wok op over medium-høj varme og smelt smørret. Tilsæt hvidløg og halvdelen af spidskålene. Steg under omrøring i 30 sekunder.

d) Hæld saucen i og rør sammen med smør og hvidløg. Bring saucen i kog og tilsæt nudlerne. Kast nudlerne til at dække med sauce, indtil de er gennemvarme.

82. Singapore nudler

Ingredienser :

- ½ pund tørrede ris vermicelli nudler
- ½ pund mellemstore rejer, pillede og deveirede
- 3 spsk kokosolie, delt
- Kosher salt
- 1 lille hvidt løg, skåret i tynde skiver
- ½ grøn peberfrugt, skåret i tynde strimler
- ½ rød peberfrugt, skåret i tynde strimler
- 2 fed hvidløg, finthakket
- 1 kop frosne ærter, optøet
- ½ pund kinesisk flæskesteg, skåret i tynde strimler
- 2 tsk karrypulver
- Friskkværnet sort peber
- Saft af 1 lime
- 8 til 10 friske korianderkviste

Kørselsvejledning :

a) Bring en stor gryde vand i kog over høj varme. Sluk for varmen og tilsæt nudlerne. Læg i blød i 4 til 5 minutter, indtil nudlerne er uigennemsigtige. Dræn forsigtigt nudlerne i et dørslag. Skyl nudlerne med koldt vand og stil dem til side.

b) I en lille skål, krydr rejerne med fiskesauce (hvis du bruger) og stil til side i 5 minutter. Hvis du ikke ønsker at bruge fiskesauce, så brug en knivspids salt til at krydre rejerne i stedet.

c) Varm en wok op over medium-høj varme, indtil en dråbe vand syder og fordamper ved kontakt. Hæld 2 spiseskefulde kokosolie i, og vend rundt for at dække bunden af wokken. Krydr olien ved at tilsætte en lille knivspids salt. Tilsæt rejerne og steg i 3 til 4 minutter, eller indtil rejerne bliver lyserøde. Overfør til en ren skål og stil til side.

d) Tilsæt den resterende 1 spiseskefuld kokosolie og vend rundt for at belægge wokken. Steg løg, peberfrugter og hvidløg i 3 til 4 minutter, indtil løg og peberfrugter er bløde. Tilsæt ærterne og steg dem, indtil de lige er gennemvarme, cirka et minut mere.

e) Tilsæt svinekødet og kom rejerne tilbage i wokken. Vend sammen med karry og smag til med salt og peber. Tilsæt nudlerne og vend dem sammen. Nudlerne får en strålende gylden gul farve, når du fortsætter med forsigtigt at kaste dem med de andre ingredienser. Fortsæt med at røre og røre i ca. 2 minutter, indtil nudlerne er varmet igennem.

f) Overfør nudlerne til et fad, dryp med limesaft og pynt med koriander. Server straks.

83. Glasnudler med Napa-kål

Ingredienser :

- ½ pund tørrede søde kartoffelnudler eller mungbønnenudler
- 2 spsk lys sojasovs
- 2 tsk mørk sojasovs
- 1 spsk østerssauce
- 1 tsk sukker
- 2 spiseskefulde vegetabilsk olie
- 2 skrællede friske ingefærskiver
- Kosher salt
- 1 tsk Sichuan peberkorn
- 1 lille napa-hoved, skåret i mundrette stykker
- ½ pund grønne bønner, trimmet og halveret
- 3 spidskål, groft hakket

Kørselsvejledning :

a) Blødgør nudlerne i en stor skål ved at lægge dem i blød i varmt vand i 10 minutter, eller indtil de er bløde. Dræn forsigtigt nudlerne i et dørslag. Skyl med koldt vand og stil til side.

b) I en lille skål blandes lys soja, mørk soja, østerssauce og sukker sammen. Sæt til side.

c) Varm en wok op over medium-høj varme, indtil en dråbe vand syder og fordamper ved kontakt. Hæld olien i og hvirvl rundt for at dække bunden af wokken. Smag olien til ved at tilføje ingefær, et lille nip salt og Sichuan-peberkornene. Lad ingefæren syde i olien i cirka 30 sekunder, mens du hvirvles forsigtigt rundt. Skrab ingefær og peberkorn ud og kassér.

d) Tilsæt napakål og grønne bønner til wokken og steg, vend og vend i 3 til 4 minutter, indtil grøntsagerne er visne. Hæld saucen i og vend sammen.

e) Tilsæt nudlerne og vend sammen med saucen og grøntsagerne. Dæk til og sænk varmen til medium. Kog i 2 til 3 minutter, eller indtil nudlerne bliver gennemsigtige, og de grønne bønner er møre.

f) Øg varmen til medium-høj og afdæk wokken. Steg, vend og øs i yderligere 1 til 2 minutter, indtil saucen tykner lidt. Overfør til et fad og pynt med spidskål. Serveres varm.

84. Hakka nudler

Ingredienser :

- ¾ pund friske melbaserede nudler
- 3 spsk sesamolie, delt
- 2 spsk lys sojasovs
- 1 spsk riseddike
- 2 tsk lys brun farin
- 1 tsk sriracha
- 1 tsk stegt chiliolie
- Kosher salt
- Kværnet hvid peber
- 2 spiseskefulde vegetabilsk olie
- 1 spsk skrællet finthakket frisk ingefær
- ½ hoved grønkål, strimlet
- ½ rød peberfrugt, skåret i tynde strimler
- ½ rødløg, skåret i tynde lodrette strimler
- 1 stor gulerod, skrællet og skåret i julien
- 2 fed hvidløg, finthakket

- 4 spidskål, skåret i tynde skiver

Kørselsvejledning :

a) Bring en gryde med vand i kog og kog nudlerne efter anvisningen på pakken. Dræn, skyl og vend med 2 spiseskefulde sesamolie. Sæt til side.

b) I en lille skål røres den lyse soja, riseddike, brun farin, sriracha, chiliolie og en knivspids salt og hvid peber sammen. Sæt til side.

c) Varm en wok op over medium-høj varme, indtil en dråbe vand syder og fordamper ved kontakt. Hæld den vegetabilske olie i og hvirvl den rundt for at dække bunden af wokken. Smag olien til ved at tilsætte ingefær og et lille nip salt. Lad ingefæren syde i olien i cirka 10 sekunder, mens du hvirvles forsigtigt rundt.

d) Tilsæt kål, peberfrugt, løg og gulerod og steg i 4 til 5 minutter, eller indtil grøntsagerne er møre og løget begynder at karamellisere lidt. Tilsæt hvidløg og steg indtil dufter, cirka 30 sekunder mere. Rør sauceblandingen i og bring det i kog. Skru ned for varmen til medium og lad saucen simre i 1 til 2 minutter. Tilsæt spidskål og rør for at kombinere.

e) Tilsæt nudlerne og vend dem sammen. Øg varmen til medium-høj og steg i 1 til 2 minutter for at opvarme nudlerne. Overfør til et fad, dryp med den resterende 1 spsk sesamolie, og server varm.

85. Pad se vi

Ingredienser :

- 2 tsk mørk sojasovs
- 2 tsk majsstivelse
- 2 tsk fiskesauce, delt
- ½ tsk kosher salt
- Kværnet hvid peber
- ¾ pund flankebøf eller mørbradspidser, skåret på tværs af kornet i ⅛-tommer tykke skiver
- 2 spsk østerssauce
- 1 spsk lys sojasovs
- ½ tsk sukker
- 1½ pund friske brede risnudler eller tørrede risnudler
- 5 spiseskefulde vegetabilsk olie, delt
- 4 fed hvidløg, skåret i tynde skiver
- 1 bundt kinesisk broccoli (gai lan), stilke skåret diagonalt i ½ tomme stykker, blade skåret i mundrette stykker

- 2 store æg, pisket

Kørselsvejledning :

a) I en røreskål røres mørk soja, majsstivelse, fiskesauce, salt og en knivspids hvid peber sammen. Tilsæt oksekødsskiverne og vend til belægning. Stil til side til marinering i 10 minutter.

b) I en anden skål røres østerssaucen, lys soja, resterende 1 tsk fiskesauce og sukker sammen. Sæt til side.

c) Varm en wok op over medium-høj varme, indtil en dråbe vand syder og fordamper ved kontakt. Hæld 2 spiseskefulde olie i og vend rundt for at dække bunden af wokken. Brug en tang til at overføre oksekødet til wokken og gem marinaden. Steg oksekødet mod wokken i 2 til 3 minutter, indtil det er brunt, og der udvikles en svitset skorpe. Kom oksekødet tilbage i marinadeskålen og rør østerssauceblandingen i.

d) Tilsæt yderligere 2 spiseskefulde olie og steg hvidløget i 30 sekunder. Tilsæt de kinesiske broccolistængler og steg i 45 sekunder, mens du holder alt i bevægelse for at forhindre hvidløget i at brænde på.

e) Skub broccolistænglerne til siderne af wokken, og lad bunden af wokken stå tom. Tilsæt den resterende 1 spsk olie og rør æggene i brønden, og vend dem derefter sammen.

f) Tilsæt nudlerne, saucen og oksekødet, og vend og vend hurtigt for at kombinere alle ingredienserne, under omrøring i yderligere 30 sekunder. Tilsæt broccolibladene og steg i 30 sekunder mere, eller indtil bladene begynder at visne. Kom tilbage på et fad og server straks.

86. Kylling Chow Mein

Ingredienser :

- ½ pund friske tynde ægnudler i Hong Kong-stil
- 1½ spsk sesamolie, delt
- 2 tsk Shaoxing risvin
- 2 tsk lys sojasovs
- Kværnet hvid peber
- ½ pund kyllingelår, skåret i tynde strimler
- ¼ kop lavnatrium kyllingebouillon
- 2 tsk mørk sojasovs
- 2 tsk østerssauce
- 2 tsk majsstivelse
- 4 spiseskefulde vegetabilsk olie, delt
- 3 hoveder baby bok choy, skåret i mundrette stykker
- 2 fed hvidløg, finthakket
- 1 stor håndfuld (2 til 3 ounce) mung bønnespirer

Kørselsvejledning :

a) Bring en gryde med vand i kog og kog nudlerne efter anvisningen på pakken. Reserver 1 kop kogevand og dræn nudlerne i et dørslag. Skyl nudlerne med koldt vand og dryp 1 spsk sesamolie i. Kast til belægning og sæt til side.

b) Kombiner risvinen, lys soja og en knivspids hvid peber i en røreskål. Smid kyllingestykkerne til belægning og mariner i 10 minutter. I en lille skål røres kyllingebouillon, mørk soja, resterende ½ spsk sesamolie, østerssauce og majsstivelse sammen. Sæt til side.

c) Varm en wok op over medium-høj varme, indtil en dråbe vand syder og fordamper ved kontakt. Hæld 3 spiseskefulde vegetabilsk olie i og hvirvl rundt for at dække bunden af wokken. Tilføj nudlerne i ét lag og steg i 2 til 3 minutter, eller indtil de er gyldenbrune. Vend forsigtigt nudlerne og steg på den anden side i yderligere 2 minutter, eller indtil nudlerne er sprøde og brune og har formet sig til en løs kage. Overfør til en tallerken beklædt med køkkenrulle og stil til side.

d) Tilsæt den resterende 1 spsk vegetabilsk olie og steg kyllingen og marinaden i 2 til 3 minutter, indtil kyllingen ikke længere er lyserød, og marinaden er fordampet. Tilsæt bok choy og hvidløg, og steg, indtil bok choy stilkene er møre, cirka et minut mere.

e) Hæld saucen i og vend for at kombinere med kyllingen og bok choyen.

f) Kom nudlerne tilbage, og brug en øsende og løftende bevægelse, smid nudlerne med kyllingen og grøntsagerne i ca. 2 minutter, indtil de er dækket af saucen. Hvis nudlerne virker en smule tørre, tilsæt en spiseskefuld eller deromkring af det reserverede kogevand, mens du smider. Tilsæt bønnespirerne og steg, løft og øs i 1 minut mere.

g) Overfør til et fad og server varmt.

87. Oksekød Lo Mein

Ingredienser :

- ½ pund friske lo mein ægnudler, kogte
- 2 spsk sesamolie, delt
- 2 spsk Shaoxing risvin
- 2 spsk majsstivelse, delt
- 2 spsk mørk sojasovs
- Kværnet hvid peber
- ½ pund oksekødspidser, skåret på tværs af kornet i tynde strimler
- 3 spiseskefulde vegetabilsk olie, delt
- 2 skrællede friske ingefærskiver, hver på størrelse med en kvart
- Kosher salt
- ½ rød peberfrugt, skåret i tynde strimler
- 1 kop sneærter, snore fjernet
- 2 fed hvidløg, finthakket
- 2 kopper mung bønnespirer

Kørselsvejledning :

a) Dryp nudlerne med 1 spsk sesamolie og vend dem til belægning. Sæt til side.

b) I en røreskål røres risvinen, 2 teskefulde majsstivelse, mørk soja og en generøs knivspids hvid peber sammen. Tilsæt oksekødet og vend til belægning. Stil til side i 10 minutter til marinering.

c) Varm en wok op over medium-høj varme, indtil en dråbe vand syder og fordamper ved kontakt. Hæld den vegetabilske olie i og hvirvl den rundt for at dække bunden af wokken. Smag olien til ved at tilsætte ingefær og et lille nip salt. Lad ingefæren syde i olien i cirka 30 sekunder, mens du hvirvles forsigtigt rundt. Tilsæt oksekødet, behold marinaden, og steg mod wokken i 2 til 3 minutter. Vend og vend oksekødet under omrøring i 1 minut mere, eller indtil det ikke længere er lyserødt. Overfør til en skål og stil til side.

d) Tilsæt den resterende 1 spiseskefuld vegetabilsk olie og steg peberfrugten, vend og vend i 2 til 3 minutter, indtil den er mør. Tilsæt sneærter og hvidløg, og steg i yderligere et minut, eller indtil hvidløget dufter.

e) Skub alle ingredienserne til siderne af wokken og hæld den resterende sesamolie, reserveret marinade, resterende majsstivelse og kogevand i. Rør sammen og bring det i kog. Kom oksekødet tilbage i wokken og vend det sammen med grøntsagerne i 1 til 2 minutter.

f) Kast lo mein nudlerne med oksekødet og grøntsagerne, indtil nudlerne er dækket af saucen. Tilsæt bønnespirerne og vend dem sammen. Fjern og kassér ingefæren. Overfør til et fad og server.

88. Dan Dan Nudler

Ingredienser :

- ¾ pund tynde hvede nudler
- 4 ounce hakket svinekød
- 4 spiseskefulde vegetabilsk olie, delt
- 2 spsk Shaoxing risvin, delt
- Kosher salt
- ¼ kop lys sojasovs
- 2 spsk glat jordnøddesmør
- 1 spsk sort eddike
- 3 fed hvidløg, finthakket
- 2 tsk lys brun farin
- 1 tsk Sichuan peberkorn, ristede og malede
- 1-tommer stykke frisk ingefær, skrællet og finthakket
- 1 spsk fermenterede sorte bønner, skyllet og hakket
- 2 små hoveder baby bok choy, groft hakket

- 2 spsk stegt chiliolie
- ½ kop finthakkede tørre ristede jordnødder

Kørselsvejledning :

a) Bring en stor gryde vand i kog og kog nudlerne efter anvisningen på pakken. Dræn og skyl med koldt vand og stil til side. Fyld gryden med frisk vand og bring det i kog på komfuret.

b) Bland svinekødet i en skål med 1 spsk vegetabilsk olie, 1 spsk risvin og en knivspids salt. Stil til side til marinering i 10 minutter.

c) I en lille skål piskes den resterende 1 spsk risvin, lys soja, jordnøddesmør, sort eddike, hvidløg, brun farin, Sichuan-peberkorn, ingefær og sorte bønner sammen. Sæt til side.

d) Varm en wok op over medium-høj varme, indtil en dråbe vand syder og fordamper ved kontakt. Hæld 2 spiseskefulde vegetabilsk olie i og hvirvl rundt for at dække bunden af wokken. Tilsæt svinekødet og steg i 4 til 6 minutter, indtil det er brunet og let sprødt. Hæld sauceblandingen i og vend det sammen, lad det simre i 1 minut. Overfør til en ren skål og stil til side.

e) Tør wokken af og tilsæt den resterende 1 spsk vegetabilsk olie. Steg bok choyen hurtigt i 1 til 2 minutter, indtil den lige er visnet og mør. Tilsæt til svineskålen og rør sammen.

f) For at samle dem skal du dyppe nudlerne i det kogende vand i 30 sekunder for at genopvarme. Afdryp og del dem i 4 dybe skåle.

89. Beef Chow Sjov

Ingredienser :

- ¼ kop Shaoxing risvin
- ¼ kop lys sojasovs
- 2 spsk majsstivelse
- 1½ spsk mørk sojasovs
- 1½ spsk mørk sojasovs
- ½ tsk sukker
- ¾ pund flankebøf eller mørbradspidser, skåret i skiver
- 1½ pund friske brede risnudler, kogte
- 2 spsk sesamolie, delt
- 3 spiseskefulde vegetabilsk olie, delt
- 4 skrællede friske ingefærskiver
- 8 spidskål, halveret på langs og skåret i 3-tommer stykker
- 2 kopper friske mungbønnespirer

Kørselsvejledning :

a) I en røreskål røres risvin, lys soja, majsstivelse, mørk soja, sukker og en knivspids hvid peber sammen. Tilsæt oksekødet og vend til belægning. Stil til side for at marinere i mindst 10 minutter.

b) Varm en wok op over medium-høj varme, indtil en dråbe vand syder og fordamper ved kontakt. Hæld 2 spiseskefulde vegetabilsk olie i og hvirvl rundt for at dække bunden af wokken. Smag olien til ved at tilsætte ingefær og et nip salt. Lad ingefæren syde i olien i cirka 30 sekunder, mens du hvirvles forsigtigt rundt.

c) Brug en tang til at tilføje oksekødet til wokken og behold marineringsvæsken. Svits oksekødet mod wokken i 2 til 3 minutter, eller indtil der udvikles en svitset, brunet skorpe. Vend og vend oksekødet rundt i wokken i 1 minut mere. Overfør til en ren skål og stil til side.

d) Tilsæt 1 spiseskefuld vegetabilsk olie mere og steg spidskålene i 30 sekunder, eller indtil de er bløde. Tilsæt nudlerne og løft i en opadgående bevægelse for at hjælpe med at adskille nudlerne, hvis de har klæbet sammen. Tilsæt kogevandet, 1 spsk ad gangen, hvis nudlerne virkelig har klistret sig sammen.

e) Kom oksekødet tilbage i wokken og vend det sammen med nudlerne. Hæld den reserverede marinade i og vend i 30 sekunder til 1 minut, eller indtil saucen tykner og dækker nudlerne, og de får en dyb, rig brun farve. Hvis du har brug for det, tilsæt 1 spsk af det reserverede kogevand for at fortynde saucen. Tilsæt bønnespirerne og vend indtil de er lige gennemvarme, cirka 1 minut. Fjern ingefæren og kassér.

f) Overfør til et fad og dryp med den resterende 1 spsk sesamolie. Serveres varm.

SAVSER, SNACKS OG SLIK

90. Sort bønnesauce

ingredienser

- ½ kop fermenterede sorte bønner, udblødt
- 1 kop vegetabilsk olie, delt
- 1 stor skalotteløg, finthakket
- 3 spsk skrællet og hakket frisk ingefær
- 4 spidskål, skåret i tynde skiver
- 6 fed hvidløg, finthakket
- ½ kop Shaoxing risvin

Kørselsvejledning :

a) Varm en wok op ved middelhøj varme. Hæld ¼ kop olie i og hvirvl rundt for at dække panden. Tilsæt skalotteløg, ingefær, spidskål og hvidløg og steg i 1 minut, eller indtil blandingen er blevet blød.

b) Tilsæt de sorte bønner og risvin. Sænk varmen til medium og kog i 3 til 4 minutter, indtil blandingen er reduceret til det halve.

c) Overfør blandingen til en lufttæt beholder og afkøl til stuetemperatur. Hæld den resterende ¾ kop olie over toppen og dæk den tæt. Opbevares i køleskabet indtil den skal bruges.

d) Denne friske bønnesauce holder sig i køleskabet i en lufttæt beholder i op til en måned. Hvis du ønsker at holde den længere, så frys den ned i mindre portioner.

91. Skoldløg-Ingefærolie

ingredienser

- 1½ dl skåret spidskål i tynde skiver
- 1 spsk skrællet og finthakket frisk ingefær
- 1 tsk kosher salt
- 1 kop vegetabilsk olie

Kørselsvejledning :

a) I en skål af varmebestandig glas eller rustfrit stål, smid spidskål, ingefær og salt. Sæt til side.

b) Hæld olien i en wok og varm op ved middelhøj varme, indtil et stykke spidskålsgrøn straks syder, når det falder i olien. Når olien er varm, fjernes wokken fra varmen og forsigtigt hældes den varme olie over spidskål og ingefær. Blandingen skal syde, mens du hælder og bobler op. Hæld olien langsomt, så den ikke bobler over.

c) Lad blandingen køle helt af, cirka 20 minutter. Rør rundt, overfør til en lufttæt krukke og stil på køl i op til 2 uger.

92. XO sauce

ingredienser

- 2 kopper store tørrede kammuslinger
- 20 tørrede røde chilier, stilke fjernet
- 2 friske røde chilier, groft hakket
- 2 skalotteløg, groft hakket
- 2 fed hvidløg, groft hakket
- $\frac{1}{2}$ kop små tørrede rejer
- 3 skiver bacon, hakket
- $\frac{1}{2}$ kop vegetabilsk olie
- 1 spsk mørk brun farin
- 2 teskefulde kinesisk fem krydderi pulver
- 2 spsk Shaoxing risvin

Kørselsvejledning :

a) Læg kammuslingerne i en stor glasskål og dæk dem med kogende vand med en tomme. Læg i blød i 10 minutter, eller indtil kammuslingerne er bløde. Hæld alt undtagen 2 spsk vand fra og dæk med plastfolie. Mikroovn i 3 minutter. Stil til side for at køle lidt af. Brug fingrene til at bræk kammuslingerne op i mindre stykker, og gnid dem sammen for at løsne kammuslingerne. Overfør til en foodprocessor og puls 10 til 15 gange, eller indtil kammuslingerne er fint strimlet. Overfør til en skål og stil til side.

b) Kombiner de tørrede chilier, friske chilier, skalotteløg og hvidløg i foodprocessoren. Puls flere gange, indtil blandingen danner en pasta og ser finthakket ud. Du skal muligvis skrabe siderne ned, mens du går for at holde alt ensartet i størrelse. Overfør blandingen til kammusling skålen og stil til side.

c) Kom rejer og bacon i foodprocessoren og pulsér et par gange for at hakke dem fint.

d) Varm en wok op ved middelhøj varme. Hæld olien i og rør rundt for at dække panden. Tilsæt rejer og bacon og kog i 1 til 2 minutter, indtil baconen bruner og bliver meget sprød. Tilsæt brun farin og fem krydderipulver og kog i 1 minut mere, indtil farin karamelliserer.

e) Tilsæt kammusling og chili-hvidløgsblandingen og kog i yderligere 1 til 2 minutter, eller indtil hvidløget begynder at karamellisere. Hæld forsigtigt risvinen ned langs siderne af wokken og kog i 2 til 3 minutter mere, indtil den er fordampet. Vær forsigtig - på dette tidspunkt kan olien sprøjte fra vinen.

f) Kom saucen over i en skål og afkøl. Når den er afkølet, skilles saucen op i mindre glas og dækkes. XO saucen kan holde sig i køleskabet i op til 1 måned.

93. Stegt chili olie

ingredienser

- ¼ kop Sichuan chiliflager
- 2 spsk hvide sesamfrø
- 1-stjernet anis bælg
- 1 kanelstang
- 1 tsk kosher salt
- 1 kop vegetabilsk olie

Kørselsvejledning :

a) Kombiner chiliflager, sesamfrø, anis, kanelstang og salt i en varmefast glas- eller rustfri stålskål og rør rundt. Sæt til side.

b) Hæld olien i en wok og varm op ved middelhøj varme, indtil kanelstangen straks syder, når den dyppes i olien. Når olien er varm, fjernes wokken fra varmen og forsigtigt hældes den varme olie over krydderierne. Blandingen skal syde, mens du hælder og bobler op. Hæld olien langsomt, så den ikke bobler over.

c) Lad blandingen køle helt af, cirka 20 minutter. Rør rundt, overfør til en lufttæt krukke og stil på køl i op til 4 uger.

94. Blommesauce

ingredienser

- 4 kopper groft hakkede blommer (ca. 1½ pund)
- ½ lille gult løg, hakket
- ½-tommer frisk ingefær skive, skrællet
- 1 fed hvidløg, pillet og knust
- ½ kop vand
- ⅓ kop lys brun farin
- ¼ kop æblecidereddike
- ½ tsk kinesisk fem krydderipulver
- Kosher salt

Kørselsvejledning :

a) I en wok bringes blommer, løg, ingefær, hvidløg og vand i kog over medium-høj varme. Dæk til, reducer varmen til medium, og lad det simre under omrøring af og til, indtil blommer og løg er møre, cirka 20 minutter.

b) Overfør blandingen til en blender eller foodprocessor og blend til en jævn masse. Vend tilbage til wokken og rør sukker, eddike, pulver med fem krydderier og en knivspids salt i.

c) Skru varmen tilbage til medium-høj og bring i kog under jævnlig omrøring. Reducer varmen til lav og lad det simre, indtil blandingen når konsistensen af æblemos, cirka 30 minutter.

95.   Hakka Spice Popcorn

ingredienser

- Krydderiblanding
- 2 spiseskefulde vegetabilsk olie
- ½ kop popcornkerner
- Kosher salt

Kørselsvejledning :

a) Kombiner dine krydderier i en lille sauterpande eller stegepande; stjerneanisfrø, kardemommefrø, nelliker, peberkorn, korianderfrø og fennikelfrø. Rist krydderierne i 5 til 6 minutter.

b) Tag gryden af varmen og overfør krydderierne til en morter og støder eller krydderikværn. Kværn krydderierne til et fint pulver og kom over i en lille skål.

c) Tilsæt malet kanel, ingefær, gurkemeje og cayennepeber og rør for at kombinere. Sæt til side.

d) Varm en wok op over medium-høj varme, indtil den lige begynder at ryge. Hæld vegetabilsk olie og ghee i, og hvirvl for at belægge wokken. Tilsæt 2 popcornkerner til wokken og læg låg på. Når de popper, tilsæt resten af kernerne og dæk til. Ryst konstant, indtil det stopper.

e) Overfør popcornene til en stor papirpose. Tilsæt 2 generøse knivspids kosher salt og 1½ spsk af krydderiblandingen. Fold posen sammen og ryst!

96. Te-opblødte æg

ingredienser

- 2 kopper vand
- ¾ kop mørk sojasovs
- 6 skrællede friske ingefærskiver, hver på størrelse med en fjerdedel
- 2 hele stjerneanis
- 2 kanelstænger
- 6 hele nelliker
- 1 tsk fennikelfrø
- 1 tsk Sichuan-peberkorn eller sorte peberkorn
- 1 tsk sukker
- 5 koffeinfri sorte teposer
- 8 store æg, ved stuetemperatur

Kørselsvejledning :

a) I en gryde bringes vandet i kog. Tilsæt mørk soja, ingefær, anis, kanelstænger, nelliker, fennikelfrø, peberkorn og sukker. Dæk gryden til og reducer varmen til en simre; kog i 20 minutter. Sluk for varmen og tilsæt teposerne. Træk teen i 10 minutter. Si teen gennem en finmasket sigte ned i en stor varmefast målekop og lad den køle af, mens du koger æggene.

b) Fyld en stor skål med is og vand for at skabe et isbad til æggene og sæt til side. I en wok bringes nok vand til at dække æggene med omkring en tomme til kog. Sænk forsigtigt æggene ned i vandet, reducer varmen til et simre og kog i 9 minutter. Fjern æggene med en hulske og kom dem over i isbadet, indtil de er afkølet.

c) Fjern æggene fra isbadet. Bank på æggene med bagsiden af en ske for at knække skallerne, så marinaden kan sive ind mellem revnerne, men forsigtigt nok til at lade skallerne blive siddende. Skallerne skal ende med at ligne en mosaik. Læg æggene i en stor krukke (mindst 32 ounce) og dæk dem med marinaden. Opbevar dem i køleskabet i mindst 24 timer eller op til en uge. Fjern æggene fra marinaden, når de er klar til servering.

97. Dampede spidskålsboller

ingredienser

- ¾ kop sødmælk ved stuetemperatur
- 1 spsk sukker
- 1 tsk aktiv tørgær
- 2 kopper universalmel
- 1 tsk bagepulver
- ¾ tsk kosher salt, delt
- 2 spsk sesamolie, delt
- 2 tsk kinesisk fem krydderipulver, delt
- 6 spidskål, skåret i tynde skiver

Kørselsvejledning :

a) Rør mælk, sukker og gær sammen. Stil til side i 5 minutter for at aktivere gæren.

b) I en stor røreskål røres mel, bagepulver og salt sammen. Hæld mælkeblandingen i. Kombiner, indtil der dannes en blød, elastisk dej, eller 6 til 8 minutter i hånden. Læg i en skål og dæk med et håndklæde til hvile i 10 minutter.

c) Med en kagerulle rulles et stykke ud til et rektangel, 15 x 18 tommer. Pensl 1 spsk sesamolie over dejen. Smag til med fem krydderier og salt. Drys med halvdelen af spidskålene og tryk forsigtigt ned i dejen.

d) Rul dejen op fra den lange kant, som du ville gøre en kanelsnurre. Skær den rullede træstamme i 8 lige store stykker. For at forme bollen skal du tage 2 stykker og stable dem oven på hinanden på deres sider, så de afskårne sider vender udad.

e) Brug en spisepind til at trykke ned i midten af stakken; dette vil skubbe fyldet lidt ud. Fjern spisepinden. Brug fingrene til at trække de to ender af dejen lidt ud for at strække, og derefter rulle enderne ind under midten, og klem enderne sammen.

f) Placer bollen på en 3-tommers firkant af bagepapir og sæt den i en dampkoger for at hæve. Gentag formningsprocessen med den resterende dej, og sørg for, at der er mindst 2 tommer mellemrum mellem bollerne. Du kan bruge en anden damperkurv, hvis du har brug for mere plads. Du skal have 8 snoede boller. Dæk kurvene med plastfolie og lad dem hæve i 1 time, eller indtil de er dobbelt så store.

g) Hæld omkring 2 tommer vand i wokken og placer dampkogerkurvene i wokken. Vandniveauet skal komme $\frac{1}{4}$ til $\frac{1}{2}$ tomme over den nederste kant af dampkogeren, men ikke så højt, at det rører ved bunden af kurven. Dæk kurvene med dampkogerkurvens låg og bring vandet i kog ved middelhøj varme.

h) Reducer varmen til medium og damp i 15 minutter, tilsæt mere vand til wokken, hvis det er nødvendigt. Sluk for varmen og hold kurvene tildækket i 5 minutter mere. Overfør bollerne til et fad og server.

98. Dampet mandelsvampkage

ingredienser

- Nonstick madlavningsspray
- 1 kop kagemel, sigtet
- 1 tsk bagepulver
- ¼ tsk kosher salt
- 5 store æg, adskilt
- ¾ kop sukker, delt
- 1 tsk mandelekstrakt
- ½ tsk fløde tatar

Kørselsvejledning :

a) Beklæd en 8-tommer kageform med bagepapir. Sprøjt pergamentet let med nonstick-spray og sæt det til side.

b) Sigt kagemel, bagepulver og salt i en skål.

c) Pisk æggeblommerne med $\frac{1}{2}$ kop sukker og mandelekstrakten i en stand- eller håndmixer på medium i ca. 3 minutter, indtil de er blege og tykke. Tilsæt melblandingen og bland, indtil det netop er blandet. Sæt til side.

d) Rens piskeriset og i en anden ren skål piskes æggehviderne med tatarcremen til de er skummende. Mens røremaskinen kører, fortsætter du med at piske hviderne, mens du gradvist tilsætter den resterende $\frac{1}{4}$ kop sukker. Pisk i 4 til 5 minutter, indtil hviderne bliver skinnende og udvikler stive toppe.

e) Fold æggehviderne i kagedejen og bland forsigtigt, indtil æggehviderne er inkorporeret. Overfør dejen til den forberedte kageform.

f) Skyl en bambus-damperkurv og dens låg under koldt vand og læg den i wokken. Hæld 2 tommer vand i, eller indtil det kommer over bunden af dampkogeren med ¼ til ½ tomme, men ikke så meget, at det rører ved bunden af kurven. Sæt midtergryden i dampkogerkurven.

g) Bring vandet i kog ved høj varme. Læg låget på dampkogerkurven og skru ned for varmen til medium. Damp kagen i 25 minutter, eller indtil en tandstik indsat i midten kommer ren ud.

h) Flyt kagen over på en rist og afkøl i 10 minutter. Vend kagen ud på risten og fjern bagepapiret. Vend kagen tilbage på et serveringsfad, så den vender ret opad. Skær i 8 tern og server varm.

99. Sukkeræggepuster

ingredienser

- ½ kop vand
- 2 tsk usaltet smør
- ¼ kop sukker, delt
- Kosher salt
- ½ kop universal ubleget mel
- 3 kopper vegetabilsk olie
- 2 store æg, pisket

Kørselsvejledning :

a) I en lille gryde varmes vand, smør, 2 tsk sukker og en knivspids salt op over medium-høj varme. Bring i kog og rør melet i. Fortsæt med at røre melet med en træske, indtil blandingen ligner kartoffelmos, og der er udviklet en tynd hinde af dej i bunden af gryden. Sluk for varmen og kom dejen over i en stor røreskål. Afkøl dejen i ca. 5 minutter, rør af og til.

b) Mens dejen afkøles, hældes olien i wokken; olien skal være omkring 1 til $1\frac{1}{2}$ inches dyb. Bring olien til 375 °F over medium-høj varme. Du kan se, at olien er klar, når du dypper enden af en træske i, og olien bobler og syder rundt om skeen.

c) Hæld de sammenpiskede æg i dejen i to omgange, rør kraftigt æggene i dejen, inden du tilføjer næste omgang. Når alle æggene er blandet, skal dejen se satinagtig og skinnende ud.

d) Brug 2 spiseskefulde, øs dejen med den ene og brug den anden til forsigtigt at skubbe dejen af skeen i den varme olie. Lad pufferne stege i 8 til 10 minutter, vend ofte, indtil pufferne svulmer op til 3 gange deres oprindelige størrelse og bliver gyldenbrune og sprøde.

e) Brug en wok-skummer til at overføre pufferne til en tallerken foret med køkkenrulle og afkøle i 2 til 3 minutter. Kom det resterende sukker i en skål og smid pufferne heri. Serveres varm.

100. Krysantemum og fersken Tong Sui

ingredienser

- 3 kopper vand

- ¾ kop granuleret sukker

- ¼ kop lys brun farin

- 2-tommer frisk ingefær, skrællet og knust

- 1 spsk tørrede krysantemumknopper

- 2 store gule ferskner, skrællet, udstenet og skåret i 8 skiver hver

Kørselsvejledning :

a) Bring vandet i kog i en wok ved høj varme, sænk derefter varmen til medium-lav og tilsæt granuleret sukker, brun farin, ingefær og krysantemumknopper. Rør forsigtigt for at opløse sukkeret. Tilsæt ferskerne.

b) Lad det simre forsigtigt i 10 til 15 minutter, eller indtil ferskerne er møre. De kan give en smuk rosenrød farve til suppen. Kassér ingefæren og del suppen og ferskerne i skåle og server.

KONKLUSION

Wokken menes først at være opfundet i Kina for over 2000 år siden under Han-dynastiet. Afledt af det kantonesiske ord, der betyder 'kogegryde', var de tidlige modeller af wokken lavet af støbejernsmetaller, hvilket gjorde det muligt for dem at være mere holdbare og langtidsholdbare.

I disse dage bliver wokken brugt over hele verden til en lang række måltider. Størstedelen af wokken er lavet af kulstofstål, hvilket gør, at de stadig er holdbare og ikke-klæbende, samtidig med at de er lette at samle op.

Tilberedning af asiatisk mad er selvfølgelig meget afhængig af wokken, men der er så mange andre anvendelsesmuligheder for wokken. Wokken er et af de mest alsidige madlavningsredskaber i verden og kan bruges til madlavningsteknikker som: Stegning, dampning, stegning, friturestegning, kogning, braisering, stegning, rygning og stuvning.

Designet tillader, at varmen fordeles jævnt rundt i hele wokken, hvilket betyder, at alle dine ingredienser tilberedes og er klar på samme tid. Oven i dette er det en enorm fordel, at du kan bruge meget lidt madolie med en wok og stadig have en god smagende, ikke-klæbende mad. Nogle gange kan du få brug for tilbehør til din wok, såsom et wok låg til dampning/kogning eller endda en wok ring, der sikrer, at din wok ikke glider rundt, når du laver mad.

www.ingramcontent.com/pod-product-compliance
Lightning Source LLC
Chambersburg PA
CBHW070458120526
44590CB00013B/676